Marc Schneidewind

Soziales Unternehmertum

Unternehmensberichterstattung im Social Entrepreneurship

Bibliografische Information der Deutschen Nationalbibliothek:

Die Deutsche Nationalbibliothek verzeichnet diese Publikation in der Deutschen Nationalbibliografie; detaillierte bibliografische Daten sind im Internet über http://dnb.d-nb.de abrufbar.

Impressum:

Copyright © Studylab 2018

Ein Imprint der Open Publishing GmbH, München

Druck und Bindung: Books on Demand GmbH, Norderstedt, Germany

Coverbild: Open Publishing GmbH | Freepik.com | Flaticon.com | ei8htz

Inhaltsverzeichnis

Abkürzungsverzeichnis

Abb.	Abbildung
AG	Aktiengesellschaft
Aufl.	Auflage
BP	betterplace.org
bspw.	beispielsweise
bzgl.	bezüglich
bzw.	beziehungsweise
CC	Coffee Circle
CIC	Community Interest Company
CO2	Kohlenstoffdioxid
d.h.	das heißt
DHH	Dialoghaus Hamburg gGmbH
dt.	deutsch
DZI	Deutsches Zentralinstitut für soziale Fragen
E	Ecosia GmbH
e.G.	eingetragene Genossenschaft
e.V.	eingetragener Verein
EDB	EinDollarBrille e.V.
EL	Ergebnis/Leistung
engl.	englisch
ESG	Environmental, Social and Governance
et al.	et alii
etc.	et cetera
EUR	Euro
EWS	EWS Elektrizitätswerke Schönau e.G.
f.	folgende (Seite)
ff.	fortfolgende (Seiten)

FN	Fußnote
gAG	gemeinnützige Aktiengesellschaft
ggf.	gegebenenfalls
gGmbH	gemeinnützige Gesellschaft mit beschränkter Haftung
GmbH	Gesellschaft mit beschränkter Haftung
gUG	gemeinnützige Unternehmergesellschaft
GuV	Gewinn- und Verlustrechnung
HGB	Handelsgesetzbuch
Hrsg.	Herausgeber
i.d.R.	in der Regel
i.W.	im Wesentlichen
IFRS	International Financial Reporting Standards
inkl.	inklusive
insb.	insbesondere
IOOI	Input-Output-Outcome-Impact
IuK-Technologie	Informations- und Kommunikationstechnologie
Jg.	Jahrgang
k.A.	keine Angabe
kg	Kilogramm
KG	Kommanditgesellschaft
KGaA	Kommanditgesellschaft auf Aktien
kWh	Kilowattstunde
Mercator	Stiftung Mercator GmbH
Nr.	Nummer
o.Ä.	oder Ähnliches
OC	Oikocredit Ecumenical Development Cooperative Society U.A.
R	Ressourceneinsatz
REDF	The Roberts Enterprise Development Fund

RW	Rechnungswesen
S.	Seite(n)
SE	Social Entrepreneurship
SM	Servicemark (dt. Dienstleistungsmarke)
So	Sonstiges
sog.	sogenannt
SRI	Social Reporting Initiative e.V.
SROI	Social Return on Investment
SRS	Social Reporting Standard
Tab.	Tabelle
u.a.	unter anderem
U.A.	uitgesloten aansprakelijkheid (dt. ohne Haftung)
UG	Unternehmergesellschaft
VCA	Viva con Agua de Sankt Pauli e.V.
vgl.	vergleiche
W	wellcome gGmbH
Wi	Wirkung
WiSt	Wirtschaftswissenschaftliches Studium
z.B.	zum Beispiel
z.T.	zum Teil

Abbildungsverzeichnis

Tabellenverzeichnis

1 Einführung

Gesellschaftliche, ökologische und ökonomische Probleme wie Armut, Ungleichheit, Arbeitslosigkeit, Migration und Klimawandel sind in der öffentlichen Debatte allgegenwärtig. Da diese Konflikte dem allgemeinen Gerechtigkeitsempfinden widersprechen oder auf Konfrontationskurs mit den endlichen Ressourcen der Erde liegen, braucht es neue, kreative Lösungsansätze.[1] In *Das Kapital im 21. Jahrhundert* thematisiert der französische Ökonom THOMAS PIKETTY Fragen der Kapitalverteilung und der Ungleichheit. Er vertritt die These, dass Ungleichheit ein inhärentes Merkmal des Kapitalismus sei, welches die demokratische Grundordnung gefährde.[2] Diese kapitalismuskritische Sichtweise gründet auf den Begleiterscheinungen der Marktwirtschaft, welche zu unerwünschten sozialen Belastungen führen können. Die Krisen der vergangenen Jahre zeugen davon – angefangen mit dem Zusammenbruch des Neuen Marktes um die Jahrtausendwende über die globale Finanzkrise beginnend 2007 bis hin zur sogenannten Eurokrise ab 2010. Freie Märkte können soziale Probleme wie Ungleichheit in der Einkommens- und Vermögensverteilung, Gesundheits- oder Umweltprobleme, Verstöße gegen Menschenrechte, Arbeitslosigkeit und Kriminalität erzeugen.[3]

Die Annahme der *unsichtbaren Hand* bei ADAM SMITH impliziert, dass Fehlentwicklungen von sich heraus korrigiert werden, da Unternehmen unter der Prämisse ihres dauerhaften Bestehens effizient und nachhaltig wirtschaften.[4] Das Marktversagen zeigt sich dessen ungeachtet darin, dass öffentliche Güter, die sich durch Nicht-Rivalität im Verbrauch und Nicht-Ausschließbarkeit vom Konsum auszeichnen, vom freien Markt nicht zur Verfügung gestellt werden. Externe Effekte wie die Umweltverschmutzung werden zudem nicht vollständig in den Marktpreisen reflektiert. In der Folge versagt der Preismechanismus und es kommt zu Ressourcenfehlallokationen.[5] Preise und Gewinne verlieren dann ihre Lenkungsfunktion

---

[1] Ähnlich *FALTIN*, Kapital (2015), S. 7.

[2] Vgl. *PIKETTY*, Kapital (2014).

[3] Vgl. *YUNUS*, Solution (2006), S. 41 und ähnlich *PORTER/KRAMER*, Value (2011), S. 4.

[4] Vgl. *SMITH*, Wealth (1827), IV.2.9, *DREDGE*, Support (2017), S. 38 und *STEINBERG*, Nonprofit (2006), S. 119.

[5] Vgl. *ACHLEITNER/HEISTER/STAHL*, Überblick (2007), S. 4, *RODER*, Reporting (2011), S. 15, *KRAUS/STEGARESCU*, Non-Profit (2005), S. 18, *STEINBERG*, Nonprofit (2006), S. 119, *AUSTIN/STEVENSON/WEI-SKILLERN*, Entrepreneurship (2006), S. 2 f. und *BECKMANN*, Kapitalismus (2011), S. 76 f.

und sind nicht länger Maßstab für Effizienz und die angemessene Befriedigung von Bedürfnissen.[6]

Sobald der Markt nicht in der Lage ist, als relevant erachtete Probleme zu bewältigen, wird deren Lösung auf den öffentlichen Sektor überwälzt.[7] Dessen ungeachtet ist ein Rückzug des Staates aus dem sozialen, kulturellen sowie ökologischen Bereich zu beobachten und seine Akteure sind nicht fähig, die Probleme zu lösen. Finanzielle Restriktionen, eine generelle Überlastung staatlicher Organe, die zunehmende Globalisierung, die allgemeine Liberalisierung, der Trend zur Individualisierung, der fehlende politische Wille sowie ideologische Überzeugungen und Wählerpräferenzen lassen sich als Ursachen identifizieren.[8]

Da der Staat nicht imstande ist, das Marktversagen zu lösen, rückt der Dritte Sektor mit seinen gemeinnützigen Unternehmen in den Fokus.[9] Deren Lösungskompetenz ist jedoch ebenfalls begrenzt. Einerseits stehen sie vor besonderen Herausforderungen aufgrund fehlender Marktsignale hinsichtlich ihres Erfolges, geringer Marktdynamik, Partikularismus, philanthropischen Versagens sowie einer steigenden Zahl hilfsbedürftiger Menschen.[10] Andererseits begrenzen die Abhängigkeit von der Freigiebigkeit und dem guten Willen einzelner Großspender bei steigender Konkurrenz um begrenzte finanzielle Mittel, verbunden mit strikten steuerlichen Befreiungsregelungen, ihre Expansion.[11] STEINBERG stellt daher ein allgemeines Versagen gemeinnütziger Unternehmen fest.[12]

Kapitalismuskritiker wie PIKETTY stellen den Einfluss des Staates und politisches Handeln zur Problemlösung in den Mittelpunkt. Andere setzen unter der Annahme, dass ökonomisches Denken und Handeln keineswegs zwangsläufig im Wider-

---

[6] Vgl. *FALTIN*, Kopf (2008), S. 168.

[7] Vgl. *YUNUS*, Solution (2006), S. 41.

[8] Vgl. *BALGAR*, Verortung (2011), S. 95, *BIRKHÖLZER*, Perspektiven 2011, S. 29, *RODER*, Reporting (2011), S. 1-25, *BIELEFELD*, Issues (2009), S. 69 f., *SHELDON/POLLOCK/DANIELE*, Tourism (2017), S. 2 sowie *SPIESS-KNAFL*, Finanzierung (2012), S. 8 f.

[9] Gemeinnützige Unternehmen werden dem Dritten Sektor (als Residualgröße der Sektoren Markt (Erster Sektor) und Staat (Zweiter Sektor)) zugerechnet und auch als Wohltätigkeitsorganisationen bezeichnet.

[10] Vgl. *SPIESS-KNAFL*, Finanzierung (2012), S. 6-15, *BOSCHEE*, Perils (2006), S. 357 f. und ähnlich *RODER*, Reporting (2011), S. 26 f. Philanthropisches Versagen resultiert aus sinkenden Spendeneinnahmen in konjunkturell schwierigen Zeiten, wenn gemeinnützige Aktivitäten gerade verstärkt beansprucht und nachgefragt werden.

[11] Vgl. *ELKINGTON/HARTIGAN*, People (2008), S. 32.

[12] Vgl. *STEINBERG*, Nonprofit (2006), S. 119-127 und *SPIESS-KNAFL*, Finanzierung (2012), S. 6-15.

spruch zur ökologischen Nachhaltigkeit stehen, auf marktwirtschaftliche und unternehmerische Konzepte. Hierbei geht es weniger um ideologische oder idealistische Positionen, sondern vielmehr um die Tradition der Wirtschaftswissenschaft, die Ökonomie als „dienendes Prinzip des Menschen" zu betrachten.[13] Der wirtschaftliche Umgang mit Ressourcen entspricht demzufolge dem ökologischen Grundgedanken und Kosteneinsparungen müssen nicht zwangsläufig zulasten der Arbeitsbedingungen erfolgen.[14] Veröffentlichungen zum *Effektiven Altruismus*, wie von MACASKILL, werfen in der Konsequenz einen marktwirtschaftlichen Blick auf soziale Probleme und deren Lösungsmöglichkeiten.[15] Demgegenüber vernachlässigt der Kerngedanke der neo-klassischen Theorie, wonach der Mensch ein eindimensionaler, ausschließlich auf Eigennutzen und Profitmaximierung ausgerichteter Akteur (*Homo oeconomicus*) sei, selbstlose Motive. Dies wird der vielschichtigen menschlichen Natur nicht gerecht.[16] Vielmehr existieren Personen, die ihre Fähigkeiten und finanziellen Mittel in den Dienst der Gesellschaft stellen.

Durch die Verleihung des Friedensnobelpreises im Jahr 2006 an den Professor für Ökonomie und Gründer, der seit 1983 auf die Vergabe von Mikrokrediten spezialisierten Grameen Bank, MUHAMMAD YUNUS, wurde die Idee des *Social Entrepreneurship* einer breiten Öffentlichkeit bekannt.[17] Der Anspruch dieses Unternehmertums mit sozialen Zielen basiert auf der Idee, Probleme in den unterschiedlichsten Bereichen und Industrien mit innovativen Konzepten zu lösen und eine nachhaltigere Form des Wirtschaftens zu bieten.[18] Beispielhaft lassen sich die Felder Armut, Korruption, Gewalt, Gesundheit, Bildung und Umweltverschmutzung nennen.[19]

Für herkömmliche privatwirtschaftliche Unternehmen stellt Gewinnmaximierung die oberste Handlungsmaxime dar. Gleichzeitig steigen, aufgrund eines veränderten Wertegerüsts und des Bewusstseins um endliche Ressourcen, die Kundenan-

---

[13] *FALTIN*, Kopf (2008), S. 168.

[14] Vgl. *FALTIN*, Kapital (2015), S. 140-142.

[15] Vgl. *MACASKILL*, Altruismus (2016).

[16] Vgl. *YUNUS*, Solution (2006), S. 39 f. und *FALTIN*, Kopf (2008), S. 176 f.

[17] Vgl. *RODER*, Reporting (2011), S. 1 und *SCHEUERLE et al.*, Social Entrepreneurship (2013), S. 7. Für die Begriffe (Social) Entrepreneurship und (Social) Entrepreneur werden in dieser Arbeit die im Duden vorgeschlagenen Deklinationen verwendet.

[18] Vgl. *JÄHNKE/CHRISTMANN/BALGAR*, Einführung (2011), S. 9 und ähnlich *SPIESS-KNAFL*, Finanzierung (2012), S. 1.

[19] Vgl. *ACHLEITNER/HEISTER/STAHL*, Überblick (2007), S. 4.

forderungen hinsichtlich gesellschaftlicher und ökonomischer Verantwortung der Unternehmen.[20] BECKMANN begründet dies mit einem abnehmenden individuellen Grenznutzen des Geldes infolge wachsenden Wohlstands und der zunehmenden Bedeutung der persönlichen Entwicklung, der Selbstverwirklichung und sozialer Tätigkeiten sowie moderner Informations- und Kommunikationstechnologien, durch die soziale Probleme eine höhere öffentliche Aufmerksamkeit erfahren.[21] Darüber hinaus kann dies Menschen motivieren als *Social Entrepreneur* tätig zu werden.[22] Auch führen ein höheres Bildungsniveau, steigender Wettbewerb und bessere Transparenz tendenziell dazu, dass sich ethisches Verhalten von Unternehmen auszahlt.[23] Der Trend zur Individualisierung fördert zugleich einen Unternehmertypus, der nicht den finanziellen Erfolg in den Mittelpunkt seines Handelns stellt, sondern die gesellschaftliche Wirkung, und daher seinen unternehmerischen Ehrgeiz auf den gemeinnützigen Erfolg richtet.[24]

Den Social Entrepreneuren wird großes Potential zuerkannt, gesellschaftliche und ökologische Probleme nicht nur effizienter als der Staat oder gemeinnützige Organisationen zu lösen, sondern auch nachhaltig zu handeln und einen gesellschaftlichen Wandel zu fördern.[25] Zugleich erhoffen sich Philanthropen und andere Kapitalgeber eine größere Wirkung ihres Engagements durch die Verbindung des sozialen Aspekts mit einem nachhaltigen unternehmerischen Geschäftsmodell.[26] Auch Social Entrepreneure sind auf einen effizienten Einsatz ihrer Ressourcen und ausreichende finanzielle Mittel angewiesen. Hieraus erwächst das Bedürfnis, interne Abläufe so zu gestalten, dass die Mittel einer optimalen Verwendung zugeführt werden (ex ante als Entscheidungshilfe). Zum anderen ist es notwendig, sich gegenüber Kapitalgebern zu erklären und nachzuweisen, dass deren Mittel (Spenden, Darlehen, Eigenkapital o.Ä.) zweckgemäß eingesetzt wurden (ex post im Sinne von Rechenschaft).[27] Die Frage der Wirkungsmessung stellt sich

---

[20] Vgl. *SHELDON/POLLOCK/DANIELE*, Tourism (2017), S. 2 und ähnlich *PORTER/KRAMER*, Value (2011), S. 4.

[21] Vgl. *BECKMANN*, Kapitalismus (2011), S. 71 und *RODER*, Reporting (2011), S. 28.

[22] Vgl. *ELKINGTON/HARTIGAN*, People (2008), S. 29 f.

[23] Vgl. *FALTIN*, Kopf (2008), S. 176.

[24] Vgl. *FALTIN*, Kopf (2008), S. 170 f.

[25] Vgl. *SCHWINGENSTEIN*, Sozialunternehmer (2013), S. 9 und *DANKO/BRUNNER/KRAUS*, Overview (2011), S. 82.

[26] Vgl. *ELKINGTON/HARTIGAN*, People (2008), S. 37 und *ARVIDSON/LYON*, Impact (2014), S. 872.

[27] Vgl. *RODER*, Reporting (2011), S. 1-3 und *NICHOLLS*, Value (2009), S. 756.

somit in zweifacher Hinsicht: intern zur Steuerung und extern u.a. zum Einwerben finanzieller Mittel.

Im Social Entrepreneurship stehen prinzipiell sowohl klassische Finanzierungsinstrumente des gewinnorientierten als auch solche des gemeinnützigen Sektors zur Verfügung.[28] Im Übrigen spielt für die meisten *Anspruchsgruppen* neben der finanziellen Rendite auch die soziale Rendite eine nicht unwesentliche Rolle. Diese Vermischung der Sektorlogiken, d.h. die Verbindung der sozialen Mission mit marktwirtschaftlichen Geschäftsmodellen, zwingt die Unternehmen dazu neue Formen der *Unternehmensberichterstattung* zu finden.[29] Zugleich sind Social Entrepreneure mittelfristig auf einen sozialen Kapitalmarkt angewiesen, für den transparente und allgemein (ggf. global) akzeptierte Berichtsstandards notwendig sind.[30]

Die vorliegende Arbeit setzt sich mit der Fragestellung auseinander, wie die externe Unternehmensberichterstattung im Social Entrepreneurship in Deutschland gestaltet werden kann, um den wesentlichen Anspruchsgruppen und Besonderheiten dieses Sektors gerecht zu werden. Kapitel 2 definiert die grundlegenden Begriffe und grenzt sie für den weiteren Verlauf der Untersuchung ab. Dies umfasst auch die Ableitung der Ansprüche relevanter Interessengruppen. Die theoriegestützte Herleitung der Notwendigkeit der Berichterstattung und deren Besonderheiten erfolgt in Kapitel 3 zusammen mit einer Vorstellung ausgewählter Ansätze. In Kapitel 4 werden Unternehmensberichte in Deutschland tätiger Social Entrepreneure analysiert. Ziel dieser Untersuchung ist es Ansatzpunkte zu identifizieren und Empfehlungen hinsichtlich einer effektiven Berichterstattung abzuleiten (Kapitel 5). Abschließend werden die Resultate in Kapitel 6 zusammengefasst und weiterer Forschungsbedarf identifiziert.

---

[28] Hierzu zählen u.a. Spenden, Gelder der öffentlichen Hand, Finanzierungsinstrumente mit Fremd-/Eigenkapitalcharakter und solche mit einer reduzierte Zinserwartung (siehe auch *SPIESS-KNAFL*, Finanzierung (2012), S. 3).

[29] Vgl. *SCHOBER/THEN*, Einleitung (2015), S. 4.

[30] Vgl. *HARTIGAN*, Market (2006), S. 353.

2 Begriffsbestimmungen und Untersuchungsgegenstand

2.1 Social Entrepreneurship

Seit Ende des 20. Jahrhunderts tauchen die ursprünglich aus dem angelsächsischen Raum stammenden Begriffe *Social Entrepreneur* und *Social Entrepreneurship* zunehmend in der wissenschaftlichen Literatur auf.[31] Verschiedene Autoren weisen darauf hin, dass solche Unternehmensformen zwar keine neue Erscheinung seien, ihre Anzahl, Bedeutung und insbesondere Professionalität zu Beginn des 21. Jahrhunderts jedoch zugenommen hätten.[32] Hinsichtlich des Begriffs, der besonders durch WILLIAM DRAYTON, dem Gründer der Förderorganisation Ashoka, geprägt wurde, hat sich in Deutschland (und international) bislang trotz umfangreicher Diskussion keine einheitliche Definition durchgesetzt.[33] In der personenzentrierten Definition Ashokas kennzeichnen den gemeinnützig tätigen Social Entrepreneur klassische Charakteristika wie Unternehmergeist, Idealismus, Pragmatismus, Kreativität und Erfolgswille. Ziel der Social Entrepreneure sei es, „innovative unternehmerische Lösungen für drängende soziale Probleme zu finden und umzusetzen. Sie sind [...] diejenigen, welche die Organisationen, sozialen Bewegungen und Mechanismen zur Überwindung gesellschaftlicher Probleme schaffen."[34]

---

31 Vgl. *BIRKHÖLZER*, Perspektiven (2011), S. 23, *DANKO/BRUNNER/KRAUS*, Overview (2011), S. 82, *BALGAR*, Verortung (2011), S. 87 f. und *RODER*, Reporting (2011), S. 24. KANTER/SUMMERS beschreiben 1987 einen solchen Ansatz, jedoch ohne den Begriff des Social Entrepreneurs zu verwenden (vgl. *KANTER/SUMMERS*, Doing Well (1987)). BACQ/JANSSEN verweisen auf die Ausführungen von YOUNG von 1983 (vgl. *BACQ/JANSSEN*, Review (2011), S. 375) und andere auf einen Beitrag von BANKS von 1972 (vgl. *NICHOLLS*, Introduction (2006), S. 7 und *EL EBRASHI*, Social Impact (2013), S. 188).

32 Vgl. *BORNSTEIN*, Welt (2009), S. 14 und *FALTIN*, Kopf (2008), S. 172. Als Beispiele für herausragende Social Entrepreneure werden bspw. Friedrich Wilhelm Raiffeisen (günstige Finanzierungsmöglichkeiten für Landwirte, Vorbild für die Entwicklung moderner Mikrofinanzierungsinstitute), Florence Nightingale (Begründerin der modernen Krankenpflege) oder Franz von Assisi (Begründer des Franziskaner-Ordens, seelsorgerische Aufgaben) genannt (vgl. *SPIESS-KNAFL*, Finanzierung (2012), S. 17, *NICHOLLS/CHO*, Structuration (2006), S. 100, *RODER*, Reporting (2011), S. 24, *SCHWINGENSTEIN*, Sozialunternehmer (2013), S. 30, *SCHEUERLE et al.*, Social Entrepreneurship (2013), S. 7 und *BORNSTEIN*, Welt (2009), S. 12).

33 Vgl. *HEISTER*, Finanzierung (2010), S. 1, *DANKO/BRUNNER/KRAUS*, Overview (2011), S. 82, *SPIESS-KNAFL*, Finanzierung (2012), S. 16 und *BOSCHEE*, Perils (2006), S. 359-362.

34 *ASHOKA*, Definition (2015).

Der Begriff Social Entrepreneur – im Deutschen z.T. auch als Sozialunternehmer bezeichnet – lässt sich in seine Komponenten *sozial* und *Unternehmer* zerlegen.[35] Der Personenkreis der Unternehmer kann grundsätzlich durch die Übernahme von Unternehmerfunktionen gekennzeichnet werden. Im aufgabenbezogenen Verständnis SCHNEIDERS ist der Unternehmer eine „Kurzbezeichnung für eine Teilmenge von Führungsaufgaben in Unternehmungen, also in Organisationen, die in und zwischen Beschaffungs- und Absatzmärkten tätig sind und ihre Leistungen (Dienste, Sachen, Verfügungsrechte) im Regelfall freiwillig nur gegen Entgelt abgeben."[36] HERING/VINCENTI zählen in Anlehnung an die Werke von KNIGHT, SCHUMPETER, KIRZNER und CASSON die Übernahme von Unsicherheit, das Durchsetzen von Innovationen, das Ausnutzen von Arbitragemöglichkeiten sowie die Koordination betrieblicher Ressourcen zu den Unternehmerfunktionen.[37]

Drei dieser Charakteristika finden sich in der Definition des Social Entrepreneurs von MARSHALL wieder, der ausgewählte Persönlichkeitsattribute und Kontextfaktoren kombiniert.[38] Im Vordergrund stehen die Einstellung zu Unsicherheit, Wettbewerb und Marktwirtschaft (vergleichbar mit der Bereitschaft zur Unsicherheitsübernahme bei Knight und Cantillon[39]) und deren Eignung zur Lösung eines sozialen Problems anhand neuer, innovativer Konzepte (ähnlich der Unterneh-

---

[35] Vgl. *SCHWINGENSTEIN*, Sozialunternehmer (2013), S. 9, *SPIESS-KNAFL*, Finanzierung (2012), S. 6, *LEPPERT*, Social Entrepreneurship (2013), S. 83 und *ASHOKA*, Definition (2015). Es erscheint der Klarheit in der Begriffsabgrenzung jedoch nicht förderlich, dem bereits im Englischen nicht einheitlich definierten Begriff des Social Entrepreneurs den im Deutschen ebenfalls nicht einheitlich definierten Begriff des Sozialunternehmers gegenüberzustellen (vgl. *RODER*, Reporting (2011), S. 24 und *ACHLEITNER/HEISTER/STAHL*, Überblick (2007), S. 5). Zur eindeutigen Identifikation und aufgrund der Verbreitung des englischen Begriffs in der deutschen Literatur wird in dieser Arbeit der englische Begriff verwendet. Die übrigen Unternehmen des sozialen Sektors werden als Wohltätigkeitsunternehmen/-organisationen oder gemeinnützige Unternehmen/Organisationen bezeichnet. Für eine grundsätzliche Kritik an der Verwendung des englischen Begriffs Entrepreneur im Deutschen siehe *HERING/VINCENTI*, Unternehmensgründung (2005), S. 154-156.

[36] *SCHNEIDER*, Unternehmer (2001), S. 6.

[37] Vgl. *HERING/VINCENTI*, Unternehmensgründung (2005), S. 71 und ähnlich *FREILING*, Entrepreneurship (2006), S. 85 und 163 f. Siehe außerdem *KNIGHT*, Risk (1971), *SCHUMPETER*, Unternehmer (1928), *KIRZNER*, Entrepreneurship (1973) und *CASSON*, Entrepreneur (1982). Für einen Überblick siehe *HÉBERT/LINK*, Entrepreneurship (2009) und *GERBAULET*, Reputator (2017). Letzterer bereichert in seiner Dissertation mit dem Reputator die Diskussion um eine weitere interessante dynamische Unternehmerfunktion (siehe auch Kapitel 3.1.1.).

[38] Vgl. hierzu und im Folgenden *MARSHALL*, Social Entrepreneur (2011), S. 185-188.

[39] Für einen Überblick über den Unternehmer bei CANTILLON siehe z.B. *HÉBERT/LINK*, Entrepreneurship (2009), S. 7-23.

merfunktion SCHUMPETERS). Des Weiteren verfügt dieser Unternehmer über ausreichende Kenntnisse des Marktes und der sozialen Probleme, um Marktversagen und geeignete (marktwirtschaftliche) Lösungsansätze und unternehmerische Gelegenheiten identifizieren zu können (entsprechend dem findigen Arbitrageur KIRZNERS).

Die häufig zitierte Definition von DEES umfasst die unternehmerischen Eigenschaften Koordination, Leitungsverantwortung und das Schaffen von Werten (in Analogie zu SAY), das aktive Durchsetzen von Innovationen (übereinstimmend mit SCHUMPETER), das Erkennen und Ergreifen von Chancen (analog zu DRUCKER) sowie unternehmerische Findigkeit (in Anlehnung an STEVENSON).[40] Für die Übertragung seines Unternehmerkonzepts auf den Social Entrepreneur definiert er fünf Merkmale: (1) die soziale Mission, (2) das Erkennen und Ergreifen von Chancen, um diese Mission zu erfüllen, (3) die kontinuierliche Weiterentwicklung durch Innovationen und Adaption, (4) den robusten Umgang mit Ressourcenengpässen sowie (5) Verantwortlichkeit und Rechenschaftspflicht. Der Social Entrepreneur vereint hier die Begeisterung für ein nicht-monetäres Ziel mit einem innovativen, gewinnorientierten Geschäftsmodell und der notwendigen Entschlossenheit und Begeisterung. Hinsichtlich der dem Social Entrepreneur zur Verfügung stehenden Geschäftsmodelle spannt DEES ein Kontinuum zwischen den Extrempunkten einer rein spendenfinanzierten Wohltätigkeitsorganisation einerseits und einem kommerziellen Unternehmen andererseits auf. Den Social Entrepreneur verortet er zwischen diesen beiden Polen.[41]

Sofern ausschließlich die vorgenannten (klassischen) Merkmale des Unternehmerbegriffs zugrunde gelegt werden, präsentiert sich die Differenzierung zwischen dem gemeinnützigen Unternehmer und dem Social Entrepreneur als synthetisch. Das Konzept könnte dann geflissentlich als alte Idee in neuem Gewand bezeichnet werden und der Social Entrepreneur wäre ein gemeinnütziger Unternehmer.[42] Die Definition von PEREDO/MCLEAN, angelehnt an DEES, stellt daher die soziale Mission in den Vordergrund, aber lässt daneben klassische gewinnorien-

---

[40] Vgl. hierzu und im Folgenden *DEES*, Meaning (2001), S. 1-5. Für die Unternehmerfunktionen siehe *DRUCKER*, Innovation (1985), *STEVENSON*, Entrepreneurship (1983) und für einen Überblick über den Unternehmer bei SAY z.B. *HÉBERT/LINK*, Entrepreneurship (2009), S. 7-23.

[41] Vgl. *DEES/ANDERSON*, Framing (2006), S. 51. Siehe ähnlich auch **Fehler! Verweisquelle konnte nicht gefunden werden.**.

[42] Vgl. *BIRKHÖLZER*, Perspektiven (2011), S. 25 und *PEREDO/MCLEAN*, Concept (2006), S. 59-61.

tierte Unternehmensziele zu.[43] Auch das unternehmerische Element MARSHALLS erscheint diesbezüglich eindeutig gegenüber dem Wohltätigkeitsbereich abgegrenzt. Es gründet auf der Offenheit für Wettbewerb und der Affinität für marktwirtschaftliche – d.h. finanziell tragfähige – Geschäftsmodelle, deren Einsatz zum Selbstverständnis gehören und das Unternehmen unabhängig von Spenden agieren lässt. Insbesondere anhand dieses Merkmals kann der Social Entrepreneur von gemeinnützigen Organisationen abgegrenzt werden.[44] Ähnlich argumentieren BOSCHEE/MCCLURG, die zwischen innovativem gemeinnützigen Unternehmertum und dem Social Entrepreneurship anhand des Merkmals des leistungsbasierten Einkommens differenzieren.[45] In einem solchen Begriffsverständnis geschieht das Engagement für soziale Belange hauptberuflich und gegen Entgelt, wodurch der Social Entrepreneur ein sich selbsttragendes Unternehmen erschaffen und Wachstumspotentiale nutzen kann.[46] Scheuerle et al. verwenden ebenfalls das Kriterium des leistungsbasierten Einkommens, um eine eindeutige Abgrenzung gegenüber spendenfinanzierten Wohltätigkeitsorganisationen vorzunehmen, und verweisen auf die unterschiedliche Bedeutung verschiedener Finanzierungsquellen in bestimmten Lebenszyklusphasen eines Unternehmens.[47]

Die Abgrenzung zum klassischen gewinnorientierten Unternehmen gelingt in vielen Definitionen über das soziale Element. Der Fokus des Social Entrepreneurship liegt auf der Erreichung eines gesellschaftlichen Ziels, das des gewinnorientierten Unternehmens auf der Erzielung des finanziellen Erfolgs.[48] Ähnlich dem profitorientierten Unternehmer bemühen auch Social Entrepreneure Konzepte, die einen verschwendungsfreien Ressourceneinsatz erlauben. Sie unterliegen also ebenfalls dem Anspruch der Effektivität und Effizienz. Im Gegensatz zu privatwirtschaftlichen Unternehmen steht jedoch die nachhaltige Lösung sozialer Probleme durch

---

[43]   Vgl. *PEREDO/MCLEAN*, Concept (2006), S. 64.

[44]   Vgl. *SPIESS-KNAFL*, Finanzierung (2012), S. 17 f., *SCHWINGENSTEIN*, Sozialunternehmer (2013), S. 25-26 sowie *BOSCHEE*, Perils (2006), S. 359.

[45]   Vgl. *BOSCHEE/MCCLURG*, Understanding (2003), S. 1.

[46]   Vgl. *SCHWINGENSTEIN*, Sozialunternehmer (2013), S. 30, *PORTER/KRAMER*, Value (2011), S. 10 und ähnlich *DAY/MODY*, Typologies (2017), S. 67, *BOSCHEE*, Perils (2006), S. 360, *MEYSKENS/CARSRUD/ CARDOZO*, Role (2010), S. 432 sowie *THOMPSON/MACMILLAN*, Business Models (2010), S. 292.

[47]   Vgl. *SCHEUERLE et al.*, Social Entrepreneurship (2013), S. 11.

[48]   Vgl. *MAIR/MARTI*, Research (2006), S. 38-44, *SPIESS-KNAFL*, Finanzierung (2012), S. 15-22, *BOSCHEE*, Perils (2006), S. 360 f., *HEISTER*, Finanzierung (2010), S. 1, *MARTIN/OSBERG*, Social Entrepreneurship (2007), S. 34 f. und *AUERSWALD*, Social Value (2009), S. 51.

innovative Prozesse, Geschäftsmodelle, Produkte, Dienstleistungen, Technologien o.Ä. im Vordergrund und in Abgrenzung zu gemeinnützigen Unternehmen außerdem die Überzeugung, dass dies mit marktwirtschaftlichen Prinzipien zu erreichen ist.[49] Für AUSTIN/STEVENSON/WEI-SKILLERN ist die Wirkungsmessung ein wesentliches Merkmal, das zudem die Beziehungen zu den Anspruchsgruppen komplexer werden lässt.[50]

Die soziale Begriffskomponente des Social Entrepreneurs umfasst sämtliche gemeinwohlorientierte, also auch ökologische und kulturelle Sachverhalte.[51] Wenngleich die soziale Mission als identitätsstiftend für den Social Entrepreneur und als wesentliches Unterscheidungsmerkmal zum traditionellen Unternehmer gesehen wird, ist die Definition nicht unumstritten. HEISTER erläutert, dass das Gegenteil von sozial nicht finanziell, sondern privat sei, und das Antonym von finanziell wiederum sei nichtfinanziell oder ideell.[52] Es ist daher zwischen der privaten finanziellen (im Allgemeinen Sprachgebrauch i.d.R. lediglich als finanzielle Rendite bezeichnet) und der sozialen bzw. gesellschaftlichen Rendite zu unterscheiden. Für SCHWINGENSTEIN manifestiert sich soziales Verhalten im altruistischen, pro-gesellschaftlichen Handeln und für MEYSKENS/CARSRUD/CARDOZO äußert sich der gesellschaftliche Mehrwert in Arbeit, Beschäftigung, Gemeinschaft oder persönlicher Weiterentwicklung.[53] AUSTIN/STEVENSON/WEI-SKILLERN merken an, dass auch die Privatwirtschaft durch das Schaffen von Arbeitsplätzen sowie die effiziente Güterversorgung einen positiven sozialen Beitrag leistet und die Differenzierung mithin weniger eindeutig sei als gemeinhin angenommen wird.[54] LEPPERT versteht unter sozialem Handeln solche Aktivitäten, die dem Gemeinwohl dienen, dessen Verständnis sich als Ergebnis von fortwährenden gesellschaftlichen Debatten ergibt.[55]

---

[49] Vgl. *SPIESS-KNAFL*, Finanzierung (2012), S. 1 und *DAY/MODY*, Typologies (2017), S. 67.

[50] Vgl. *AUSTIN/STEVENSON/WEI-SKILLERN*, Entrepreneurship (2006), S. 3.

[51] Vgl. *BIRKHÖLZER*, Perspektiven (2011), S. 25 und *SCHEUERLE et al.*, Social Entrepreneurship (2013), S. 8-10.

[52] Vgl. *HEISTER*, Finanzierung (2010), S. 30.

[53] Vgl. *SCHWINGENSTEIN*, Sozialunternehmer (2013), S. 30 und *MEYSKENS/CARSRUD/CARDOZO*, Role (2010), S. 428.

[54] Vgl. *AUSTIN/STEVENSON/WEI-SKILLERN*, Entrepreneurship (2006), S. 3.

[55] Vgl. *LEPPERT*, Social Entrepreneurship (2013), S. 80-82.

Neben fehlender inhaltlicher Klarheit, welche Aktivitäten als sozial einzustufen sind, hängt die Identifikation einer sozialen Problemlage vom jeweiligen gesellschaftlichen Kontext ab und unterscheidet sich bspw. zwischen einem Industrie- und Entwicklungsland.[56] Abgesehen von universellen Definitionen existieren auch enger gefasste Begriffsabgrenzungen. Diese berücksichtigen bspw. das Vorgehen zur Erreichung der sozialen Ziele, wie z.B. die faire Entlohnung, Transparenz und den effizienten, nachhaltigen Ressourceneinsatz.[57] NICHOLLS/CHO betonen, dass sich die soziale Komponente im Social Entrepreneurship nicht nur unter Berücksichtigung der Umstände, sondern auch in Bezug auf die Prozesse, Herangehensweisen bzw. Handlungen und die Ergebnisse der Aktivitäten definiert.[58] Die soziale Dimension kann weiterhin dahingehend konkretisiert werden, dass nicht die Lösung eines sozialen Problems, sondern ein grundlegender sozialer Wandel das leitende Motiv des Social Entrepreneurs darstellen soll.[59]

Im Folgenden wird die Definition RODERS mit vier konstitutiven Merkmalen vorgestellt, die sie explizit im Kontext der Berichterstattung für maßgeblich erachtet.[60] Hierzu gehören (1) das unternehmerische Element, (2) die Organisationsgründung, (3) die Innovation sowie (4) die Social Value Proposition. Das zentrale Charakteristikum in dieser Darstellung ist (1) das unternehmerische Element, das sowohl die Person als auch die Prozessperspektive einschließt.[61] Es beinhaltet bspw. die (Re-) Organisation von Wertschöpfungsketten, die Fokussierung auf vielversprechende Projekte sowie die effiziente (Re-)Allokation von Ressourcen. Die Unternehmensgründung (2) setzt die Organisation als soziales Gebilde mit einer formalen Struktur und spezifischer Zweckbezogenheit voraus. Die Implementierung und Skalierung des unternehmerischen Konzepts erfordert einen institutionellen Rahmen. Hinsichtlich der Rechtsform trifft RODER keine Einschränkungen, schließt jedoch die Ausschüttung von Gewinnen an Anteilseigner prinzi-

---

[56] Vgl. *LEPPERT*, Social Entrepreneurship (2013), S. 75 f.

[57] Vgl. *SPIESS-KNAFL*, Finanzierung (2012), S. 20, *RODER*, Reporting (2011), S. 51-53 und *MARTIN/OSBERG*, Social Entrepreneurship (2007), S. 30-38.

[58] Vgl. *NICHOLLS/CHO*, Structuration (2006), S. 100-107.

[59] Vgl. *DREDGE*, Support (2017), S. 37, *EL EBRASHI*, Social Impact (2013), S. 202, *BUZINDE et al.*, Theorizing (2017), S. 24 und *MARTIN/OSBERG*, Social Entrepreneurship (2007), S. 34-38.

[60] Vgl. hierzu und im Folgenden *RODER*, Reporting (2011), S. 31-63.

[61] Ähnlich *ACHLEITNER/PÖLLATH/STAHL*, Finanzierung (2007), S. 7, *DEES*, Meaning (2001), S. 1, *MARTIN/OSBERG*, Social Entrepreneurship (2007), S. 30 und *NICHOLLS*, Introduction (2006), S. 21-23.

piell aus. Des Weiteren differenziert sie zwischen unterschiedlichen Lebenszyklusphasen des Unternehmens und den daraus erwachsenden Ansprüchen an das Berichtswesen.

Das Merkmal (3) der Innovation beinhaltet neben der Idee auch deren Umsetzung. Es umfasst Produkt-, Prozess-, Marktstrukturinnovationen sowie organisatorisch-recht-liche Innovationen.[62] RODER definiert den Neuigkeitsgrad einer Innovation kontextspezifisch aus Sicht der Anspruchsgruppe („wahrgenommene Neuartigkeit"[63]). Außerdem muss eine Innovation zu einer (sozialen) Verbesserung führen (d.h. effizienter oder effektiver als eine bisherige Alternative sein). Im Kontext des Social Entrepreneurship stehen insbesondere technische Innovationen, die Anwendung marktorientierter Ansätze auf ein soziales Problem, innovative Finanzierungslösungen und neuartige Beziehungen zu den verschiedenen Anspruchsgruppen im Vordergrund.

Die (4) Social Value Proposition beschreibt die soziale Mission (als wesentliches Abgrenzungsmerkmal zum klassischen gewinnorientierten Unternehmen), die Rolle der Einkommensgenerierung, die Skalierbarkeit (durch den Social Entrepreneur) und Replizierbarkeit (durch andere Institutionen) des Lösungsansatzes sowie dessen Wirkungsreichweite.[64] Nach RODER ist zwar für die Definition des Social Entrepreneur-ship die Verknüpfung mit einem einkommensgenerierenden Geschäftsmodell nicht zwingend, jedoch beeinflusst die Art der Einkommensstruktur die Anforderungen an das Berichtswesen. Die Möglichkeit der Gewinnausschüttung anstelle der Reinvestition für den sozialen Zweck schließt sie, wie vorgenannt, aus. Damit grenzt sie Social Entrepreneurship von gemeinnützigem Unternehmertum insbesondere anhand des unternehmerischen Merkmals und der Innovation ab. Gegenüber privatwirtschaftlichen Unternehmen verwendet sie das Merkmal der sozialen Mission. Wie weiter oben erläutert, erscheint diese Form der Abgrenzung gegenüber gemeinnützigen Unternehmen konstruiert und

---

62 Vgl. auch SCHUMPETERS Innovationsbegriff bei *HERING/VINCENTI*, Unternehmensgründung (2005), S. 78 sowie *SCHEUERLE et al.*, Social Entrepreneurship (2013), S. 10.

63 *RODER*, Reporting (2011), S. 50.

64 Ähnlich im Hinblick auf die Bedeutung der Wirkung und der Wirkungsreichweite als Abgrenzungskriterium zwischen Social Entrepreneurship und einer wohltätigen Organisation siehe *MARTIN/OSBERG*, Social Entrepreneurship (2007), S. 35-38 und *DEES/ANDERSON*, Framing (2006), S. 52.

erfährt daher im Rahmen dieser Untersuchung eine Adaption und spezifischere Differenzierung (siehe **Fehler! Verweisquelle konnte nicht gefunden werden.**).

Bereits dieser kurze Überblick über unterschiedliche Versuche, den Begriff Social Entrepreneur zu definieren, zeigt, wie vielschichtig die Begriffsabgrenzung in der Literatur diskutiert wird. Dennoch sind, wie von LEPPERT dargestellt, einige Gemeinsamkeiten zu verorten.[65] Die Lösung sozialer Probleme steht im Mittelpunkt und die unternehmerische Herangehensweise im Zusammenspiel mit innovativen Lösungsansätzen wird in vielen Definitionen hervorgehoben.[66] Die institutionelle Komponente, die Person des Social Entrepreneurs und ihre Motivation sowie die Art der Finanzierung werden hingegen unterschiedlich stark betont.

Unternehmerische Herangehensweise	Institutioneller Kontext	Soziale Mission	Einkommensgenerierung

- Marktwirtschaft
- Wettbewerb
- Wirkungsmessung
- Leistungsmessung
- Unternehmerfunktionen
  - Unsicherheit
  - Innovation
  - Koordination
  - Arbitrage
  - Weitere Funktionen wie z.B. Reputator
	- Social Enterprise
	- Unternehmensgründung
	- Wirtschaftliche und rechtliche Organisationseinheit
		- Gesellschaftliches oder ökologisches Ziel
		- Soziale Wertschöpfung
		- Soziale Rendite
		- Wirkungsreichweite
		- Skalierbarkeit
		- Replizierbarkeit
			- Leistungsbasierte Einkünfte
			- Finanzielle Rendite
			- Finanziell tragfähiges Geschäftsmodell
			- Innenfinanzierung
			- Zugriff auf traditionelle Finanzierungsformen
			- Teilweise Zuwendungen und Spenden

Tabelle 1: Konstitutive Merkmale des Social Entrepreneurship

In Anlehnung an MARTIN/OSBERG kann festgehalten werden, dass eine fehlende definitorische Klarheit Gefahr läuft, dass letzten Endes sämtliche als sozial wünschenswert und vorteilhaft erachtete Aktivitäten und Methoden unter das Mäntelchen des Social Entrepreneurship schlüpfen.[67] Eine rein normative Abgrenzung wiederum behindert die Praxistauglichkeit.[68] Da sich diese Arbeit weniger in den wissenschaftlichen Definitionsdiskurs begeben möchte, sondern vielmehr einen Beitrag zu den Herausforderungen des Berichtswesens im Social Entrepreneurship leisten soll, wird der Begriff im Folgenden dem Zweck dieser Untersuchung angemessen definiert (siehe **Fehler! Verweisquelle konnte nicht gefunden werden.**).

---

[65] Vgl. *LEPPERT*, Social Entrepreneurship (2013), S. 33.

[66] Vgl. *AUSTIN/STEVENSON/WEI-SKILLERN*, Entrepreneurship (2006), S. 2 und *SCHEUERLE et al.*, Social Entrepreneurship (2013), S. 8.

[67] Vgl. *MARTIN/OSBERG*, Social Entrepreneurship (2007), S. 30.

[68] Vgl. *LEPPERT*, Social Entrepreneurship (2013), S. 13 ff.

Im Rahmen der vorliegenden Untersuchung wird unter einem Social Entrepreneur ein Unternehmer verstanden, der ein gesellschaftliches oder ökologisches Ziel in den Vordergrund seines unternehmerischen Handelns stellt und sich zur Erreichung dieses Zieles kommerzieller (d.h. marktwirtschaftlicher) Methoden bedient, um eine möglichst große Wirkung zu entfalten. Er operiert unter der Nebenbedingung der Gewinnerzielung und legt folglich nur nachrangig Wert auf die Generierung von Profit. Beide Motive (sozialer Nutzen und Profitstreben) stellen dennoch einen integralen Bestandteil seines Geschäftsmodells dar. Das unternehmerische Handeln zeigt sich im Erkennen von Gelegenheiten, der Entwicklung eines innovativen Lösungsansatzes und dessen Umsetzung, wobei leistungsbasierte Einkünfte erzielt werden.

	Sozial motivierte Organisationen			Kommerzielle Organisationen	
		Social Enterprise			
	Wohltätigkeitsorganisation	Gemeinnützig verfasstes Sozialunternehmen	Gewerblich verfasstes Sozialunternehmen	Sozial verantwortliches Unternehmen	Rein kommerzielles Unternehmen
Primärer Geschäftszweck *[Soziale Mission]*	Soziale Mission	Soziale Mission mit Gewinn als Nebenprodukt	Soziale Mission in Übereinstimmung mit Gewinnerzielung	Sozial verantwortliche Gewinnmaximierung	Gewinnmaximierung
Typische Rechtsform *[Institutioneller Kontext]*	e.V., gUG, gGmbH	e.V., e.G., gUG, gGmbH, gAG, z.T. hybride Strukturen	e.G., UG, GmbH, AG	UG, GmbH, AG, KG	UG, GmbH, AG, KG
Finanzielle Nachhaltigkeit *[Einkommens-generierung]*	Abhängig von Spenden und Zuschüssen	Spenden und Zuschüsse möglich, kommerzielle Umsätze, kostendeckend, (potentiell) wirtschaftlich tragfähig	Kommerzielle Umsätze, (potentiell) wirtschaftlich tragfähig	(Potentiell) wirtschaftlich tragfähig	(Potentiell) wirtschaftlich tragfähig
Gewinnausschüttung	Nein	Typischerweise nein	Typischerweise ja	Ja	Ja
Satzungsgemäße Mission	Ja	Ja	Möglich	Nein	Nein

Tabelle 2: Abgrenzung sozial motivierter und kommerzieller Organisationen[69]

---

[69] Eigene Darstellung basierend auf *UNTERBERG et al.*, Gründung (2015), S. 21.

Diese Abgrenzung steht prinzipiell im Einklang mit den Definitionen MARSHALLS und BOSCHEES, wonach die soziale Mission und kommerzielle Ziele koexistieren. So bleibt die Bedeutung des Gewinnmotivs erhalten, wenngleich die Dominanz des sozialen Beweggrundes betont wird.[70] Dieser Zielkonflikt im Spannungsfeld von finanzieller und sozialer Rendite ist eine Kernkomponente des Social Entrepreneurship.[71] „Der Profit hilft, dem Sinn nachzugehen, nicht umgekehrt."[72] Die Begriffsdefinition des Social Entrepreneurship bei RODER erfährt in dieser Arbeit somit folgende Adaption (siehe **Fehler! Verweisquelle konnte nicht gefunden werden.**): (1) unternehmerische Herangehensweise (inkl. Innovation), (2) institutioneller Kontext, (3) soziale Mission (inkl. Wirkung) und (4) eigene Einkommensgenerierung (außerhalb von Spenden oder staatlicher Unterstützung). Zur weiteren Begriffsklarheit ist abschließend festzuhalten, dass in Abgrenzung zum sozial verantwortungsbewussten und nachhaltigen Handeln im wirtschaftlichen Bereich (sog. Corporate Social Responsibility) beim Social Entrepreneurship die soziale Mission und der gesellschaftliche Wandel die Handlungsmaxime bilden.[73]

Social Enterprise bezeichnet das institutionelle Pendant.[74] Der Begriff kennzeichnet eine Organisation, deren Geschäftätigkeit auf die Lösung eines gesellschaftlichen Problems abzielt bzw. deren Zweck der gesellschaftliche Wandel darstellt und die dabei ggf. unter der Nebenbedingung der Gewinnmaximierung operiert, sich jedoch zumindest unternehmerischer, marktorientierter Ansätze bedient und über Einkünfte außerhalb von Spenden verfügt. Eine Gewinnausschüttung erfolgt nicht zwingend, ist jedoch möglich. **Fehler! Verweisquelle konnte nicht gefun-**

---

[70] Vgl. *BOSCHEE*, Perils (2006), S. 359-362, *MARSHALL*, Social Entrepreneur (2011), S. 183-196 sowie ähnlich *MEYSKENS/CARSRUD/CARDOZO*, Role (2010), S. 427-430, *ROBERTS/WOODS*, Shoestring (2005), S. 45-51 und *SCHEUERLE et al.*, Social Entrepreneurship (2013), S. 8-13.

[71] Vgl. *SPIESS-KNAFL*, Finanzierung (2012), S. 37 und *KIM ALTER*, Models (2006), S. 205.

[72] *FALTIN*, Kopf (2008), S. 168.

[73] Vgl. *JÄHNKE/CHRISTMANN/BALGAR*, Perspektiven (2011), S. 9 und ähnlich *FALTIN*, Kapital (2015), S. 34-36.

[74] Vgl. *BARRAKET/YOUSEFPOUR*, Evaluation (2013), S. 448, *EVERS*, Capital (2001), S. 296, *KIM ALTER*, Models (2006), S. 205, *BIELEFELD*, Issues (2009), S. 71-73 sowie *NICHOLLS/CHO*, Structuration (2006), S. 102 und *NICHOLLS*, Introduction (2006), S. 4 und 11 f. In der Literatur finden sich, z.T. mit spezifischen Abgrenzungen, auch die Begriffe *Social Business, Social Impact Business, Social Entrepreneurial Venture, Social Business Enterprise* und *Social Venture* (vgl. *LEPPERT*, Social Entrepre-neurship (2013), S. 87, *SPIEGEL*, Business (2011), S. 134-138, *BACQ/JANSSEN*, Review (2011), S. 388, *YUNUS*, Solution (2006), S. 42 und *HEISTER*, Finanzierung (2010), S. 2 und 25). Hinsichtlich der Verwendung des Begriffs Sozialunternehmen siehe FN 35.

den werden. verdeutlicht diese Abgrenzung zwischen den Ausprägungen Wohltätigkeitsorganisation, Social Enterprise und kommerzielles Unternehmen.

2.2 Unternehmensberichterstattung

Bei der *Unternehmensberichterstattung* kommerzieller Unternehmen steht die Informationsfunktion im Mittelpunkt. Informationen bezeichnen zweckorientiertes Wissen und sollen entscheidungsrelevant und -orientiert sein.[75] Die Nutzbarkeit ist generell zeit- und personenabhängig und hinsichtlich des Status der Adressaten wird zwischen interner und externer Berichterstattung unterschieden. Deren wichtigsten Quellen stellen die Unternehmensrechnung bzw. das interne und externe Rechnungswesen dar.[76] Die interne Unternehmensrechnung weist einen engen Bezug zum Führungs- und Steuerungssystem auf. Dem externen Rechnungswesen wird traditionell der Jahresabschluss zugerechnet. Hierdurch unterliegt es einer starken Reglementierung (bspw. durch das HGB oder IFRS). Die wesentlichen Empfänger sind u.a. Gläubiger, Anteilseigner und Finanzbehörden.[77]

Der Begriff der *externen* Unternehmensberichterstattung bezeichnet in dem hier verwendeten Verständnis die Veröffentlichung eines Berichts zur Vermittlung unternehmensspezifischer Informationen an relevante außenstehende Anspruchsgruppen.[78] Die Informationen werden zielgruppengerecht aufbereitet, wozu nach Identifikation der relevanten Adressaten zunächst deren Zielvorstellungen ermittelt werden, aus denen sich anschließend der spezifische Informationsbedarf ableitet.[79] Dabei sind die Grundsätze der ordnungsgemäßen Buchführung wie Klar-

---

[75] Vgl. *WITTMANN*, Unternehmung (1959), S. 14, *COENENBERG/HALLER/SCHULTZE*, Jahresabschluss (2014), S. 18, *WAGENHOFER/EWERT*, Unternehmensrechnung (2015), S. 49-51 und *KORMAIER*, Unternehmensberichterstattung (2008), S. 7 f. WÖHE unterscheidet hinsichtlich der bedarfsgerechten Informationsbereitstellung zwischen der Dokumentations-, Planungs- und Kontrollfunktion (vgl. *WÖHE*, Einführung (2002), S. 823 und *COENENBERG et al.*, Rechnungswesen (2016), S. 5).

[76] Vgl. *KÜPPER*, Controlling (2001), S. 109 ff. und *WAGENHOFER/EWERT*, Unternehmensrechnung (2015), S. 4 sowie *WÖHE*, Einführung (2002), S. 823.

[77] Vgl. *KÜPPER*, Controlling (2001), S. 109 ff., *WÖHE*, Einführung (2002), S. 823-825 und *COENENBERG et al.*, Rechnungswesen (2016), S. 6-8.

[78] Ähnlich *KORMAIER*, Unternehmensberichterstattung (2008), S. 7 und *ACHLEITNER et al.*, Standard (2009), S. 30. Hinsichtlich der Definition der Anspruchsgruppen und Adressaten siehe Kapitel 2.3.

[79] Vgl. *COENENBERG/HALLER/SCHULTZE*, Jahresabschluss (2014), S. 1268.

heit, Übersichtlichkeit, Wesentlichkeit, Vollständigkeit, Stetigkeit und Richtigkeit zu berücksichtigen.[80] Prüfungs- und Offenlegungspflichten sowie die Anwendung rechtlicher Vorschriften und Bilanzierungsregeln sind jedoch nicht Gegenstand dieser Untersuchung.

Das vorrangige Informationsinteresse der Gläubiger richtet sich auf die Kreditwürdigkeit der Unternehmung und das Risiko des Kapitalverlusts. Die Anteilseigner erwarten zuallererst Informationen zur Beurteilung des Entwicklungs- und Ertragspotentials ihrer Anteile.[81] Die Informationen werden somit grundsätzlich zur Entscheidungsfindung, Anspruchsbemessung und Vertragsgestaltung genutzt und erfüllen die Pflicht zur Rechenschaftslegung des Managements.[82] Die Rechenschaftspflicht umfasst die Offenlegung der Kapitalverwendung mit dem Ziel, den Adressaten einen zutreffenden Einblick in die Geschäftstätigkeit zu ermöglichen, um sich ein eigenes Urteil über die Erfolge einer Unternehmung bilden zu können und eine interessenwahrende Entscheidungsfindung zu unterstützen.[83] Der Informationsbedarf resultiert aus der asymmetrischen Informationsverteilung zwischen dem Unternehmen und seinen Anspruchsgruppen.[84] In der Folge ist die Berichterstattung kein Selbstzweck, sondern dient der Sicherstellung der Informationsfunktion.[85]

Die vorliegende Arbeit stellt die *externe* Unternehmensberichterstattung in den Mittelpunkt der Untersuchung. Dabei wird nicht zuerst auf den Jahresabschlussbericht fokussiert, dessen Format und Umfang in Abhängigkeit der Rechtsform und der geltenden Vorschriften weitgehend reglementiert sind, sondern auf die Vermittlung unternehmensspezifischer Informationen an relevante Adressaten im Kontext des Social Entrepreneurship. Dies kann finanzielle Informationen beinhalten, ist jedoch nicht ausschließlich im Sinne des (handelsrechtlichen) Jahresabschlusses zu verstehen. Die Berichterstattung erfolgt generell zweck- und entscheidungsorientiert und umfasst Informationen zur Vergangenheit, Gegenwart

---

[80] Vgl. *WÖHE*, Einführung (2002), S. 865-870, *COENENBERG et al.*, Rechnungswesen (2016), S. 54-58 und *ACHLEITNER/BASSEN/RODER*, Framework (2009), S. 5.

[81] Vgl. *WÖHE*, Einführung (2002), S. 853-856.

[82] Vgl. *WAGENHOFER/EWERT*, Unternehmensrechnung (2015), S. 5-9 und 144 f., *COENENBERG et al.*, Rechnungswesen (2016), S. 20 sowie *KORMAIER*, Unternehmensberichterstattung (2008), S. 8.

[83] Vgl. *KORMAIER*, Unternehmensberichterstattung (2008), S. 8.

[84] Siehe Kapitel 3.1.2 sowie *COENENBERG/HALLER/ SCHULTZE*, Jahresabschluss (2014), S. 982.

[85] Vgl. *RODER*, Reporting (2011), S. 69.

und erwarteten Entwicklung mit dem Ziel des Abbaus von Informationsasymmetrien. Insoweit dürften die grundlegenden Informationsbedürfnisse im Social Entrepreneurship mit denen profitorientierter Unternehmen übereinstimmen. Im Gegensatz zum kommerziellen Unternehmen resultiert die Legitimität des Social Enterprises jedoch weniger aus der Realisierung finanzieller Ziele, sondern basiert zuallererst auf der Lösung eines gesellschaftlichen Problems. Insofern liegt eine wesentliche Funktion der Berichterstattung in der Legitimation und der Sicherung von Ressourcen.[86] Eng verbunden mit der Rechtmäßigkeit ist die Reputation des Unternehmens,[87] insbesondere wenn sich Geldgeber im philanthropischen Bereich stärker an der wahrgenommenen Reputation des Unternehmens als an seiner tatsächlichen Leistungsfähigkeit orientieren, wie eine US-Studie von CARMAN in 2009 nahelegt.[88]

Die Informationsfunktion im Social Entrepreneurship kann in der Auffassung von ACHLEITNER et al. mit den folgenden drei Berichtselementen abgedeckt werden: (1) Erfolgs-/Wirkungsmessung, (2) Risikobericht und (3) Dokumentation der Aktivitäten.[89] Die (1) Erfolgsmessung beantwortet die Frage, was das Unternehmen in der Berichtsperiode erreicht hat (Grad der Zielerreichung), und erlaubt den Investoren zusammen mit dem (2) Risikobericht die Optimierung ihres Rendite-Risiko-Profils. Die (3) Dokumentation umfasst die Unternehmensplanung sowie die Darstellung der Tätigkeiten und der Leistungsfähigkeit der Organisation.[90] Hierzu zählen ACHLEITNER/BASSEN/RODER die Unternehmensressourcen, -strukturen und -prozesse.[91] Die wesentlichen Funktionen sind die Außendarstellung (Legitimation, Reputation, Vertrauen und Glaubwürdigkeit), die Investorensuche bzw. Finanzierungsunterstützung (Darstellung des Mittelbedarfs und der Mittelverwendung, Vertragsgestaltung, Anspruchsbemessung) und die Rechenschaftslegung. Des Weiteren ist im Social Entrepreneurship der Zweck der

---

[86] Vgl. *BARRAKET/YOUSEFPOUR*, Evaluation (2013), S. 440 und *NICHOLLS*, Value (2009), S. 757.

[87] Die (Unternehmens-)Reputation beschreibt den guten Ruf bzw. das Ansehen eines Unternehmens und beruht auf den Erfahrungen der Vergangenheit sowie der daraus resultierenden Glaubwürdigkeit und dem Vertrauen (vgl. *GARDBERG/FOMBRUN*, Reputation (2002), S. 304). Für eine ausführliche Darstellung und Diskussion siehe z.B. *FOMBRUN/GARDBERG/SEVER*, Reputation (2000), S. 241-243 und *GERBAULET*, Reputator (2016), S. 115 ff.

[88] Vgl. *CARMAN*, Accountability (2009), S. 385 f.

[89] Vgl. *ACHLEITNER et al.*, Standard (2009), S. 30.

[90] Vgl. *ACHLEITNER et al.*, Standard (2009), S. 31.

[91] Vgl. *ACHLEITNER/BASSEN/RODER*, Framework (2009), S. 6.

Erweiterung der Wirkungsreichweite durch Skalierung und Replizierung zu be-
denken.[92] Die konkrete Bedeutung der einzelnen Funktionen und der Zweck ergeben sich dabei stets im Zusammenspiel mit den relevanten Anspruchsgruppen
und hängen von der gewählten Unternehmensrechtsform ab. **Fehler! Verweisquelle konnte nicht gefunden werden.** zeigt die Funktionen und Bestandteile.

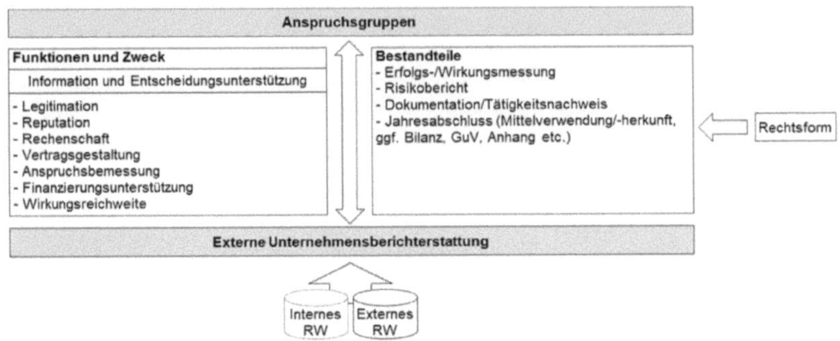

Abbildung 1: Funktionen und Bestandteile der Unternehmensberichterstattung im Social
Entrepreneurship

2.3 Anspruchsgruppen und Berichtsadressaten

Für den Begriff der *Anspruchsgruppe* finden sich in der deutschen Literatur u.a.
das Synonym *Interessengruppe* sowie der englische Begriff *Stakeholder*. Im Zusammenhang mit der Unternehmensberichterstattung wird auch regelmäßig von
Berichtsadressaten gesprochen. FREEMAN definiert den von ihm geprägten Begriff
des Stakeholders als eine Gruppe oder eine Person, welche die Zielerreichung einer Organisation beeinflussen kann oder davon betroffen ist.[93] Die Definitionen
reichen von einer nicht näher identifizierten generischen Gruppe, die von den Un-
ternehmensentscheidungen betroffen ist, bis hin zu Personen oder Gruppen, die
einen Einfluss auf das betrachtete Unternehmen ausüben, indem sie wertvolle
Ressourcen bereitstellen oder vorenthalten können. Sie können auch von Entscheidungen des Unternehmens betroffen sein und die Macht haben ihre eigenen
Interessen durchzusetzen.[94] Als Anspruchsgruppe gelten daher die Informations-

---

[92] Vgl. *ACHLEITNER et al.*, Standard (2009), S. 33.

[93] Vgl. *FREEMAN*, Approach (2010), S. 46.

[94] Vgl. *FREEMAN*, Theory (1994), S. 411, *KOCHAN/RUBINSTEIN*, Stakeholder (2000), S. 369 und
      MITCHELL/AGLE/WOOD, Identification (1997), S. 854-858.

nutzer und folglich die Empfänger der Unternehmensberichterstattung (Berichtsadressaten).[95] Der im privatwirtschaftlichen Sektor kodifizierte Adressatenstatus wie bspw. der Anteilseigner gilt in Abhängigkeit der Unternehmensrechtsform auch im Social Entrepreneurship.[96] Für RODER sind die Adressaten im Social Entrepreneurship „alle Personen und Institutionen, die durch Allokationsentscheidungen die Zielerreichung beeinflussen."[97] Diesen Gruppen lassen sich im Einzelnen die öffentliche Hand bzw. staatliche Einrichtungen, Mitglieder, Kunden und Begünstigte, Spender, Investoren mit verringerter finanzieller Renditeerwartung sowie Kapitalgeber mit marktgerechter finanzieller Renditeerwartung zuordnen.[98] Daneben können prinzipiell noch Mitarbeiter, das Management, Eigentümer, potentielle Kunden, Medien, Verbände und Vereinigungen sowie die interessierte Öffentlichkeit, Berater und Finanzintermediäre, aber auch das soziale Umfeld der Begünstigten, Lieferanten und Dienstleister als Anspruchsgruppen genannt werden. Generell wird zwischen internen und externen Gruppen unterscheiden.[99]

---

[95] Vgl. *KORMAIER*, Unternehmensberichterstattung (2008), S. 21.

[96] Vgl. *RODER*, Reporting (2011), S. 81.

[97] *RODER*, Reporting (2011), S. 82.

[98] Vgl. *ACHLEITNER/SPIESS-KNAFL/VOLK*, Finanzierung (2011), S. 271-278 und *RODER*, Reporting (2011), S. 82.

[99] Vgl. *RAUSCHER/MILDENBERGER/KRLEV*, Wirkungsmodell (2015), S. 53.

Da sich diese Untersuchung auf die externe Unternehmensberichterstattung fokussiert, muss zwecks Ableitung und Empfehlung einer sachgemäßen Konzipierung zunächst die Frage beantwortet werden, um welche Berichtsadressaten es sich im Social Entrepreneurship im Wesentlichen handelt. Anschließend können deren Ziele und Informationsbedürfnisse erörtert werden. Eine britische Studie von NICHOLLS in 2010 legt nahe, dass es vier wesentliche Adressatengruppen gibt: (1) politische Entscheidungsträger, (2) die allgemeine Öffentlichkeit, (3) die betroffene Gemeinschaft und (4) Investoren.[100] ACHLEITNER et al. bezeichnen öffentliche Einrichtungen, Investoren, Mitarbeiter und Kunden als originäre Adressaten sowie die interessierte Öffentlichkeit und Finanzintermediäre als indirekte Empfänger.[101] Aufgrund fehlender empirischer Studien für den deutschsprachigen Raum erfolgt die Bestimmung der Adressaten in dieser Untersuchung theoretisch-konzeptionell. **Fehler! Verweisquelle konnte nicht gefunden werden.** zeigt die wesentlichen Adressaten der externen Berichterstattung im Vergleich.

---

[100] Vgl. *NICHOLLS*, Reporting (2010), S. 403.
[101] Vgl. *ACHLEITNER et al.*, Standard (2009), S. 30.

Wohltätigkeitsorganisation	Social Enterprise	Kommerzielles Unternehmen
Spender, Philanthropen, Stiftungen	**Kapitalgeber** (Philanthropen, Spender, Stiftungen, Investoren, Anteilseigner, Finanzintermediäre, Analysten etc.)	Kapitalgeber (Investoren, Anteilseigner, Finanzintermediäre, Analysten, Wirtschaftsprüfer etc.)
Begünstigte	**Kunden / Begünstigte**	Kunden
Politische Entscheidungsträger	**Politische Entscheidungsträger**	
	Nachahmer	Konkurrenten
Kooperationspartner	Kooperationspartner	Kooperationspartner
Öffentlichkeit	**Öffentlichkeit**	Öffentlichkeit
Verbände	Verbände	Verbände
Finanzbehörden	Finanzbehörden	Finanzbehörden
		Aufsichtsbehörden, Kontrollinstanzen
(ehrenamtliche) Mitarbeiter	(ehrenamtliche) Mitarbeiter	Arbeitnehmer, Gewerkschaften
Mitglieder		
Lieferanten/Dienstleister	Lieferanten/Dienstleister	Lieferanten/Dienstleister

Tabelle 3: Adressaten der externen Unternehmensberichterstattung im Vergleich[102]

---

[102] Siehe bspw. *WÖHE*, Einführung (2002), S. 823 f., *KÜTING/REUTER*, Bilanzierung (2004), S. 231, *CANDLER/DUMONT*, Framework (2010), S. 262-267 und *RODER*, Reporting (2011), S. 82 f.

Wie erläutert steht der Social Entrepreneur vor der Herausforderung der Außen- und Innenfinanzierung, der Rechenschaftslegung sowie der Legitimierung seiner Tätigkeiten im Spannungsfeld von sozialer Mission und wirtschaftlichem Erfolg. Zudem verfolgt er das Ziel seinen Wirkungskreis zu erweitern. In diesem Zusammenhang spielt auch die Reputation des Social Entrepreneurs als Person und seines Unternehmens in der allgemeinen Öffentlichkeit und den Medien eine nicht unbedeutende Rolle. Im Übrigen erscheint es sinnvoll Nachahmer (d.h. andere Social Entrepreneure und Verbände) in den Kreis der relevanten Anspruchsgruppen mitaufzunehmen, um dem Gedanken der Replizierung Rechnung zu tragen (siehe Kapitel 2.1). Überraschenderweise findet sich diese Gruppe bisher nicht explizit in den Veröffentlichungen zur externen Unternehmensberichterstattung im Social Entrepreneurship.

Anspruchsgruppe	Bedeutung für den Social Entrepreneur	Hauptanliegen der Berichtsadressaten	Wesentliche Berichtsfunktionen	Relevante Berichtsbestandteile
Kapitalgeber	Finanzierung Wissens-/Kompetenztransfer Wirkungsreichweite Skalierung	Identifikation erfolgreicher Unternehmen mit hohem Erfolgspotential und hoher Wirkungsreichweite	Entscheidungsunterstützung Reputation Rechenschaft Legitimation Vertragsgestaltung Anspruchsbemessung	Wirkungsmessung Jahresabschluss Risikobericht Dokumentation
Kunden / Begünstigte	Umsatzerlöse Wirkungsreichweite Skalierung	Transparente Produkt-/ Dienstleistungsinformationen zwecks Anbietervergleichs	Reputation Legitimation Entscheidungsunterstützung	Dokumentation Wirkungsmessung
Politische Entscheidungsträger	Finanzierung Gesetzgebung Wirkungsreichweite	Identifikation von Chancen und öffentlichkeitswirksamen Konzepten und Nachweis über Mittelverwendung	Rechenschaft Legitimation Entscheidungsunterstützung	Dokumentation Wirkungsmessung Jahresabschluss
Nachahmer / Verbände / Social Entrepreneure	Wirkungsreichweite Replizierung Skalierung Wissens-/Kompetenztransfer	Identifikation relevanter Geschäftsmodelle und Kooperationspartner	Entscheidungsunterstützung Legitimation Reputation	Wirkungsmessung Dokumentation Jahresabschluss Risikobericht
Öffentlichkeit	Generelle Unterstützung Diverse Ressourcen Wirkungsreichweite Werbung/Marketing	Transparente Informationen über nachhaltiges gesellschaftliches Engagement	Legitimation Reputation Rechenschaft	Dokumentation Wirkungsmessung

Tabelle 4: Anspruchsgruppen, Berichtsfunktionen und -bestandteile im Social Entrepreneurship

Bezugnehmend auf die vorgenannten Untersuchungen und Veröffentlichungen, unter Berücksichtigung der dieser Untersuchung zugrunde liegenden Definition des Social Entrepreneurs, werden folgende Gruppen als wesentliche Adressaten der externen Unternehmensberichterstattung betrachtet: (1) (potentielle) Kapitalgeber (z.B. Fremd-/Eigenkapitalgeber, Finanzintermediäre, Philanthropen, ggf. Spender), (2) (potentielle) Kunden und Begünstigte, (3) politische Entscheidungsträger, (4) Nachahmer (andere Social Entrepreneure, Verbände) und letztlich (5) die interessierte Öffentlichkeit mit den Medien als Mittler. Eine Übersicht dieser Gruppen, ihrer Bedeutung sowie die wesentlichen Interessen zeigt **Fehler! Verweisquelle konnte nicht gefunden werden.**. Die übergeordnete Informationsfunktion als Globalfunktion wird hier nicht explizit erwähnt. Des Weiteren zeigt die Übersicht die jeweils relevanten Berichtsbestandteile und deren Funktionen.[103]

---

[103] Weitere Ausführungen hierzu siehe Kapitel 3.2.

3 Theoretische Untersuchung zur externen Unternehmensberichterstattung im Social Entrepreneurship

3.1 Theoretische Interpretation der Berichterstattung

3.1.1 Transaktionskostenreduzierende Effekte

Der Begriff der Transaktionskosten geht auf RONALD COASE zurück und gilt als ein Ausgangspunkt für die spätere Entwicklung der Neuen Institutionenökonomik.[104] In seinem Verständnis entstehen sie „durch die Definition, den Erwerb und die Ausübung von Verfügungsrechten über Wirtschaftsgüter."[105] Allgemein können Transaktionskosten nach KENNETH ARROW als Betriebskosten des Wirtschaftssystems bezeichnet werden und lassen sich in Abhängigkeit ihres Entstehungsortes in drei Kategorien einteilen: Markt- und Unternehmenstransaktionskosten sowie Kosten der Benutzung des Gemeinwesens (politische Transaktionskosten).[106] Generell handelt es sich um Informations- und Kommunikationskosten im Zusammenhang mit der Anbahnung, Vereinbarung, Abwicklung, Kontrolle und Anpassung von Leistungsbeziehungen.[107] Vertrauen und die (wahrgenommene) Verlässlichkeit des Unternehmens stehen nicht selten im Mittelpunkt, wenn detaillierte Informationen fehlen oder die wirtschaftlichen Bedingungen unsicher sind.[108] Die Reputation eines Unternehmens und seine Wahrnehmung in der Öffentlichkeit bzw. seitens der Anspruchsgruppen (Image[109]) gewinnen in der Folge an Bedeutung. Unter transaktionskostentheoretischen Gesichtspunkten entfaltet Vertrauen einen transaktionskostensenkenden Einfluss, wenn z.B. Anbahnungskosten vor

---

[104] Vgl. *PICOT/DIETL*, Transaktionskostentheorie (1990), S. 178 und *RICHTER/FURUBOTN*, Einführung (2003), S. 54.

[105] *PFNÜR/GLOCK*, Transaktionskosten (2009), S. 3.

[106] Vgl. *RICHTER/FURUBOTN*, Einführung (2003), S. 55-65, *WILLIAMSON*, Capitalism (1985), S 18 und *PFNÜR/GLOCK*, Transaktionskosten (2009), S. 3.

[107] Vgl. *PICOT/DIETL*, Transaktionskostentheorie (1990), S. 178, *RICHTER/FURUBOTN*, Einführung (2003), S. 58-65, *PFNÜR/GLOCK*, Transaktionskosten (2009), S. 3 und *HERING/VINCENTI*, Unternehmensgründung (2005), S. 279 f.

[108] Vgl. *PELZMANN*, Vertrauen (2005), S. 212.

[109] In dem Begriffsverständnis DOWLINGS ist das (Unternehmens-)Image ein personenabhängiges, individuelles und kurzfristiges Phänomen, quasi der affektive Gesamteindruck bzw. das Bild oder die subjektive Wahrnehmung eines Unternehmens (vgl. *DOWLING*, Images (1986), S. 109 f. sowie *DOWLING*, Asset (1993), S. 101 f.).

Vertragsschluss reduziert werden können.[110] GERBAULET sieht in der professionellen Nutzung und strategischen Instrumentalisierung der Ressource Reputation eine wesentliche Aufgabe des Unternehmers im Sinne des Schaffens von Vertrauen und des Abbaus von Kooperationshemmnissen.[111]

Eine Funktion der externen Berichterstattung ist die Reduzierung dieser Transaktionskosten durch den Aufbau von Reputation und das Schaffen von Vertrauen sowie die nachvollziehbare, transparente Darstellung der Aktivitäten und Potentiale des Unternehmens. Als Folge des fragmentierten Marktes auf Seiten der Kapitalgeber und -nachfrager und des Fehlens von Marktplätzen liegen die Transaktionskosten des Dritten Sektors schätzungsweise 22 bis 43% über denen des privatwirtschaftlichen Bereichs.[112] Derzeit müssen die Akteure einen nicht unwesentlichen Anteil ihrer Zeit und Ressourcen für die Mittelbeschaffung aufwenden, der effizienter in die eigentliche Projektarbeit investiert werden könnte.[113] Gerade kleinere Finanzierungsvolumen lohnen sich aufgrund hoher Fixkosten nicht. Auf beiden Marktseiten wären ein geringerer Partikularismus und Intermediäre folglich vorteilhaft.[114] Verschiedene Internetportale, auf denen sich gemeinnützige Organisationen präsentieren können, sollen einen Vergleich erleichtern.[115] Zugleich muss die externe Berichterstattung dann auch den dort verwendeten Kriterien gerecht werden. Die Normierung und Standardisierung der Berichterstattung können folglich transaktionskostenmindernd wirken und eine effizientere Kapitalallokation ermöglichen.[116]

---

[110] Vgl. *HERING/VINCENTI*, Unternehmensgründung (2005), S. 280 und *PICOT et al.*, Organisation (2015), S. 70-77 sowie ähnlich *EIERLE/RITZER-ANGERER*, Vertrauen (2016), S. 549 f.

[111] Vgl. *GERBAULET*, Reputator (2016), S. 166 und 169 sowie *EIERLE/RITZER-ANGERER*, Vertrauen (2016), S. 549.

[112] Vgl. *ACHLEITNER/HEISTER/STAHL*, Überblick (2007), S. 20.

[113] Vgl. *MEYSKENS/CARSRUD/CARDOZO*, Role (2010), S. 432.

[114] Vgl. *ACHLEITNER/HEISTER/STAHL*, Überblick (2007), S. 21 f.

[115] Bspw. http://www.globalgiving.com, http://www.give.org, http://www.helpdirect.org, http://www.spendenportal.org, http://www.justgiving.com, http://www.charitynavigator.org oder http://www.dzi.de/spenderberatung.

[116] Vgl. *KORMAIER*, Unternehmensberichterstattung (2008), S. 27, *ACHLEITNER et al.*, Standard (2009), S. 30 und *ACHLEITNER/BASSEN/RODER*, Framework (2009), S. 3.

3.1.2 Prinzipal-Agenten-Problematik im Kontext der Informationsasymmetrie zwischen dem Social Entrepreneur und seinen Anspruchsgruppen

Die in der Realität begrenzte Informationsverarbeitungskapazität der Marktteilnehmer und Transaktionskosten resultieren in ungleichartig verteilten und unvollständigen Informationen. Dies führt zu unterschiedlichen Unsicherheitsgraden.[117] Die Prinzipal-Agenten-Theorie basiert auf der Annahme asymmetrischer Informationsverteilung zwischen dem Prinzipal (z.B. Kapitalgeber, Anteilseigner) und dem Agenten (z.B. Kapitalnehmer, Unternehmensleitung).[118] Die hiermit einhergehende Unsicherheit kann generell aus drei Bereichen herrühren. Erstens verzerren multivariable Umwelteinflüsse das vom Agenten beabsichtigte Ergebnis. Zweitens sind die tatsächlichen Handlungen des Agenten für den Prinzipal nicht direkt beobachtbar, wodurch es zu opportunistischem Verhalten zulasten des Auftraggebers kommen kann (moralisches Hasardspiel). Drittens verfügt der Agent über einen generellen Informationsvorsprung, da er näher am laufenden Geschäft ist (adverse Selektion bzw. Auswahl unerwünschter Vertragspartner).[119]

Im Grundmodell besteht eine hierarchische Beziehung zwischen zwei den Eigennutzen maximierenden Parteien mit unterschiedlichen Nutzenfunktionen, in welcher der Prinzipal eine Aufgabe (bzw. Entscheidungsmacht) an den Agenten delegiert.[120] Der Prinzipal macht dem Agenten ein Vertragsangebot, welches dieser entweder annehmen oder ablehnen kann.[121] Im Rahmen der vertragstheoretischen Analyse lassen sich folglich Problemkreise vor und nach Vertragsschluss unterscheiden. Ersterer verhindert ggf. das Zustandekommen eines Vertrages aufgrund fehlender Transparenz und Unsicherheit in Bezug auf die Absichten des Vertragspartners und die Erfolgsaussichten des zu unterstützenden Projektes. Infolgedessen kann es zu adverser Selektion und einer zu geringen Kapitalaus-

---

[117] Vgl. *KORMAIER*, Unternehmensberichterstattung (2008), S. 26.

[118] Vgl. *ARTHURS/BUSENITZ*, Boundaries (2003), S.147, *HERING/VINCENTI*, Unternehmensgründung (2005), S. 250, *PICOT et al.*, Organisation (2015), S. 89-91 und *COENENBERG/HALLER/SCHULTZE*, Jahresabschluss (2014), S. 1266.

[119] Vgl. *PETERSEN*, Delegationsproblem (1989), S. 111, *PICOT et al.*, Organisation (2015), S. 92 f., *HERING/VINCENTI*, Unternehmensgründung (2005), S. 251-253, *COENENBERG/HALLER/SCHULTZE*, Jahresabschluss (2014), S. 1266 f. und *EIERLE/RITZER-ANGERER*, Vertrauen (2016), S. 550 f.

[120] Vgl. *PETERSEN*, Delegationsproblem (1989), S. 110 und *ARTHURS/BUSENITZ*, Boundaries (2003), S.147.

[121] Vgl. *WAGENHOFER/EWERT*, Unternehmensrechnung (2015), S. 146 und *HERING/VINCENTI*, Unternehmensgründung (2005), S. 251.

stattung kommen. Nach Vertragsschluss besteht die Gefahr, dass es zu Aktivitäten kommt, die dem Unternehmer opportun erscheinen, aber einseitig zu Lasten des Kapitalgebers gehen. Dieses Risiko des moralischen Hasardspiels trägt der Prinzipal.[122] Entscheidend ist der postulierte Zielkonflikt. Während der Prinzipal eine möglichst hohe Zielerreichung anstrebt, ist dies für den Agenten nur solange rational, wie er aufgrund persönlicher Entlohnungskomponenten hiervon profitiert.[123]

Es ist davon auszugehen, dass rational handelnde Kapitalgeber sich ihres Informationsdefizits bewusst sind. In der Konsequenz tragen die Kapitalnehmer die Folgen der Informationsdivergenz in Form höherer Zinsforderungen oder schlechterer Konditionen.[124] Wenn die Unsicherheit bezüglich der Risiko-, Informations- und Interessenverteilung reduziert wird, führt das zu Überwachungs- und Opportunitätskosten. Diese resultieren aus den Lösungsansätzen der Filterung (sog. Screening, Aufdecken von Eigenschaften), der Signalisierung (sog. Signaling, Vermarktung von Fähigkeiten und Intentionen z.B. durch Reputation) und der Gestaltung der Verträge sowie der Motivations-, Anreiz-, Informations- und Kontrollsysteme.[125] Die externe Unternehmensberichterstattung ist ein solches Informations- und Kontrollinstrument.[126] Sie verringert einerseits die Informationsasymmetrie und begrenzt in der Folge das Risiko. Andererseits fungiert sie als Bemessungsgrundlage für die Zielerreichung des Agenten und reduziert die Gefahr des moralischen Hasardspiels.[127] Sie wirkt damit unsicherheits-, konflikt- und transaktionskostenmindernd und verursacht zugleich Kosten im Zusammenhang mit der Aufstellung. Die genaue Ausgestaltung der Berichterstattung ergibt sich in der neoinstitutionellen Perspektive in komplexen Verhandlungen zwischen den beteiligten Interessengruppen.[128] Je besser letztlich die transparente

---

[122] Vgl. *HERING/VINCENTI*, Unternehmensgründung (2005), S. 251-253, *EIERLE/RITZER-ANGERER*, Vertrauen (2016), S. 552-557, *PICOT et al.*, Organisation (2015), S. 92 f., *ODER*, Eigentümerkontrolle (1989), S. 262 und *COENENBERG/HALLER/SCHULTZE*, Jahresabschluss (2014), S. 1266.

[123] Vgl. *MARK*, Kreditfinanzierung (2007), S. 84.

[124] Vgl. *KORMAIER*, Unternehmensberichterstattung (2008), S. 28 und *PICOT et al.*, Organisation (2015), S. 95-98.

[125] Vgl. *WELGE/EULERICH*, Unternehmensführung (2014), S. 14-16 und *HERING/VINCENTI*, Unternehmensgründung (2005), S. 253-257. Siehe bzgl. der Transaktionskosten Kapitel 3.1.1.

[126] Vgl. *ACHLEITNER/BASSEN/RODER*, Framework (2009), S. 4 und *PICOT et al.*, Organisation (2015), S. 95-98.

[127] Vgl. *COENENBERG/HALLER/SCHULTZE*, Jahresabschluss (2014), S. 1267.

[128] Vgl. *NICHOLLS*, Reporting (2010), S. 397.

Darstellung des Erfolgs und des mit der Investition verbundenen Risikos gelingt, desto attraktiver dürfte der Bereich des Social Entrepreneurship für Investoren sein. Zugleich ist zu erwarten, dass ein reduziertes Risiko und höhere (Markt-)Transparenz zu niedrigeren Renditeerwartungen und geringeren Kosten der Kapitalbeschaffung beitragen, indem die Vergleichbarkeit der Investitionsalternativen erhöht wird.[129]

3.1.3 Stewardship-Theorie als alternativer Erklärungsansatz für die Bedeutung der Rechenschaftsfunktion

Die Stewardship-Theorie ist aus der Kritik an der Prinzipal-Agenten-Theorie entstanden und hat ihre Wurzeln in der Soziologie und Psychologie.[130] Sie betont, dass neben der einseitigen Nutzenfunktion im institutionenökonomischen Paradigma (d.h. Einkommenserzielung) weitere Motive existieren.[131] Im Kern unterscheiden sich beide Theorien durch ihr grundlegend verschiedenartiges Menschenbild. Die Stewardship-Theorie basiert auf der Annahme des intrinsisch motivierten Managers (Steward, zu dt. Verwalter), der seinen Nutzen vorrangig aus der verantwortungsvollen Aufgabenerfüllung zieht. Hierdurch entfällt der Interessenkonflikt zwischen Prinzipal und Steward. Die Stewardship-Theorie unterstellt Zielkongruenz.[132]

Im Kontext des Social Entrepreneurship erweitert sich das Zielspektrum der Parteien um die soziale Komponente. Die Anforderungen an eine gewisse Verzinsung – sei es im sozialen oder finanziellen Bereich – sind letztlich vergleichbar.[133] Es lässt sich jedoch vermuten, dass der Social Entrepreneur in der hier verwendeten Definition ein herausragendes Interesse an der Erfüllung der sozialen Mission hat, sodass die Gefahr des moralischen Hasardspiels diesbezüglich geringer ausgeprägt sein dürfte als bei der Finanzierung kommerzieller Unternehmen. Die

---

[129] Vgl. *ACHLEITNER/HEISTER/STAHL*, Überblick (2007), S. 19, *ACHLEITNER et al.*, Standard (2009), S. 30 und *FIERLE/RITZER-ANGERER*, Vertrauen (2016), S. 557.

[130] Vgl. *WELGE/EULERICH*, Unternehmensführung (2014), S. 33, *ARTHURS/BUSENITZ*, Boundaries (2003), S.154 und *DAVIS/SCHOORMAN/DONALDSON*, Stewardship (1997), S. 20 und 24.

[131] Vgl. *RODER*, Reporting (2011), S. 72 sowie *VAN SLYKE*, Stewards (2007), S. 164 und 181 f.

[132] Vgl. *WELGE/EULERICH*, Unternehmensführung (2014), S. 25, *VAN SLYKE*, Stewards (2007), S. 159-165, *DAVIS/SCHOORMAN/DONALDSON*, Stewardship (1997), S. 21 und 27 sowie *ARTHURS/BUSENITZ*, Boundaries (2003), S.146. Für eine generelle Diskussion der Bedeutung der Stewardship-Theorie im Kontext der Berichterstattung siehe *COY/FISCHER/GORDON*, Accountability (2001).

[133] Vgl. *MARK*, Kreditfinanzierung (2007), S. 89.

intrinsische Nutzenkomponente des Stewards ist größer und Selbstverwirklichung, Identifikation, Leistung und Verantwortung stehen im Vordergrund.[134] Zugleich ist in Bezug auf das soziale Ziel eine sehr ähnliche ggf. sogar identische Nutzenfunktion zwischen Prinzipal und Steward zu vermuten, sodass ersterer nicht Opfer opportunistischen Verhaltens wird. In diesem Verständnis hat die Stewardship-Theorie insbesondere bei der nachvertraglichen Betrachtung der Prinzipal-Agenten-Beziehung in Bezug auf die soziale Zielsetzung ihre Berechtigung.[135] Es gilt sicherzustellen, dass die Maßnahmen zur Kontrolle und Motivation die intrinsische Motivation und die Identifikation mit der Unternehmung nicht einschränken.

Andererseits entstehen aus der sozialen Zieldimension auch spezielle Herausforderungen. MARK sieht diese insbesondere bei der Leistungsbeurteilung in Bezug auf die Bewertung der sozialen Erfolge und den wirtschaftlichen Ressourceneinsatz sowie die Einschätzung der Nutzenkomponenten der sozialen Aufgaben an sich.[136] So kann dem Social Entrepreneur zwar nicht unterstellt werden, er würde Gelder für private Zwecke oder Annehmlichkeiten nutzen, jedoch besteht die Gefahr, dass er finanzielle Spielräume für soziale Aktivitäten nutzt, die den ursprünglichen Interessen des Prinzipals entgegenstehen. So ist es z.B. denkbar, dass der Agent Gelder für andere soziale Projekte einsetzt oder in unzulässiger Weise und über Gebühr zulasten der finanziellen Rendite operiert.

Die ansonsten vergleichbare Beziehung zwischen dem sozial orientierten Kapitalgeber und dem Social Entrepreneur unterscheidet sich im Vergleich zu einer traditionellen Finanzierungsbeziehung in Bezug auf besondere Motivationsaspekte und die Bewertungsproblematik der sozialen Leistungen.[137] In einem weiter gefassten Verständnis der Prinzipal-Agenten-Theorie müssen die Konflikte nicht aus egoistischen Motiven oder grundlegend verschiedenartigen Absichten herrühren, sondern treten bereits bei abweichenden Vorstellungen über die Aktivitäten zur Erreichung der Ziele auf. In beiden Fällen basieren sie auf der asymmetrischen

---

[134] Vgl. *MARK*, Kreditfinanzierung (2007), S. 90 und ähnlich *DAVIS/SCHOORMAN/DONALDSON*, Stewardship (1997), S. 28-30.

[135] Vgl. *ACHLEITNER/BASSEN/RODER*, Framework (2009), S. 4. Für eine Gegenüberstellung beider Theorien und den Einflussfaktoren siehe *DAVIS/SCHOORMAN/DONALDSON*, Stewardship (1997), S. 37.

[136] Vgl. *MARK*, Kreditfinanzierung (2007), S. 89-91.

[137] Vgl. *MARK*, Kreditfinanzierung (2007), S. 92.

Informationsverteilung zwischen den Akteuren.[138] ARTHURS/BUSENITZ argumentieren, dass die Prinzipal-Agenten-Theorie ihre Bedeutung insbesondere in der Finanzierungsphase bzw. der vorvertraglichen Phase hat, wenn es darum geht Reputation und Vertrauen aufzubauen und finanzielle Mittel einzuwerben.[139] VAN SLYKE erläutert, dass sich das Verhältnis im zeitlichen Verlauf von einer Prinzipal-Agenten- in eine Prinzipal-Steward-Beziehung wandelt.[140] Im Kontext des Social Entrepreneurship haben beide Theorien ihre Berechtigung (siehe **Fehler! Verweisquelle konnte nicht gefunden werden.**).

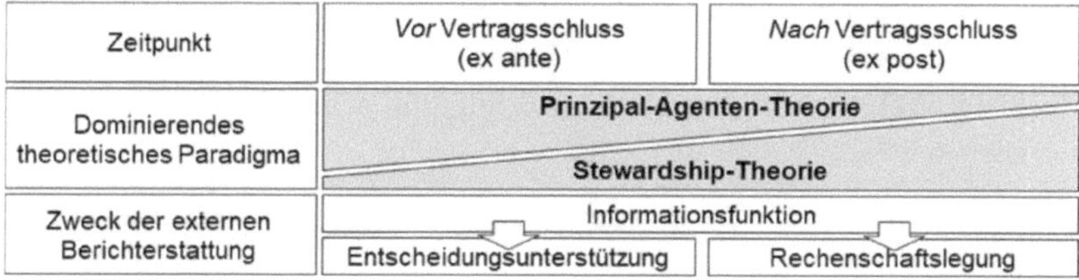

Abbildung 2: Prinzipal-Agenten/Steward-Beziehung im Social Entrepreneurship nach RODER[141]

3.2 Besonderheiten und Hürden der externen Berichterstattung im Social Entrepreneurship

Für jedes Unternehmen stellt sich die Frage, ob es sich finanziell lohnt, gesellschaftlich verantwortlich zu handeln. BARNETT/SALOMON argumentieren, dass zwischen dem finanziellen Erfolg und dem gesellschaftlichen Engagement ein positiver Zusammenhang bestehe.[142] Sie führen das auf die gestiegenen Möglichkeiten der Einflussnahme auf die Anspruchsgruppen des Unternehmens zurück. Gesellschaftliches Engagement ist dann als langfristige Investition und immaterielle Ressource zu betrachten, die es dem Unternehmen ermöglichen zukünftig höhere Erträge zu erwirtschaften.[143] Ernsthaftes gesellschaftliches Engagement, welches bei Social Entrepreneuren qua Definition gegeben ist, kann also im Sinne der Sta-

---

[138] Vgl. *WISEMAN/CUEVAS-RODRÍGUEZ/GOMEZ-MEJIA*, Agency (2012), S. 204 f. und 217 sowie *ARTHURS/BUSENITZ*, Boundaries (2003), S.155.

[139] Vgl. *ARTHURS/BUSENITZ*, Boundaries (2003), S.159 und *RODER*, Reporting (2011), S. 73.

[140] Vgl. *VAN SLYKE*, Stewards (2007), S. 157.

[141] In Anlehnung an *RODER*, Reporting (2011), S. 74.

[142] Vgl. *BARNETT/SALOMON*, Really Good (2015), S. 81.

[143] Vgl. *BARNETT/SALOMON*, Really Good (2015), S. 82.

keholder-Theorie FREEMANS einen Wettbewerbsvorteil darstellen.[144] Die Reputation wird damit zu einer kritischen Ressource, die es zu pflegen und zu nutzen gilt.[145]

Die Funktionen der Berichterstattung umfassen als Besonderheit im Social Entrepreneurship, wie in Kapitel 2.2 gezeigt, die Erweiterung des Wirkungskreises. Die Berichterstattung soll die Wirkungsreichweite des Geschäftsmodells vergrößern, Nachahmer motivieren und Kooperationen fördern.[146] Im Gegensatz zu gewinnorientierten Unternehmen muss die Skalierung nicht notwendigerweise durch das eigene Organisationswachstum erfolgen.[147] Um den Wirkungsbereich auszuweiten und Nachahmer zu motivieren, das eigene Geschäftsmodell zu adaptieren (Replizierung), ist es notwendig den Erfolg und seine Faktoren nachvollziehbar darzulegen.[148]

Nichtsdestotrotz steht für viele gemeinnützige Unternehmen der Finanzierungsaspekt im Mittelpunkt.[149] Eine Studie im Vereinigten Königreich von NICHOLLS kommt 2009 zu dem Ergebnis, dass Social Entrepreneure mit der externen Unternehmensberichterstattung i.W. zwei Ziele verfolgen: Zugang zu Ressourcen und Legitimierung ihrer Aktivitäten.[150] Zum selben Ergebnis kommt eine britische Umfrage von 2007.[151] Der zunehmende Wettbewerb um knappe Mittel im gemeinnützigen Sektor erhöht den Druck, transparent Rechenschaft über den effizienten Mitteleinsatz abzulegen.[152] Dieser Rechenschafts- und Wettbewerbsdruck und die Erwartungshaltung der Öffentlichkeit in Bezug auf Transparenz werden durch die allgegenwärtige Verfügbarkeit von Informationen, die wiederum den Vergleich verschiedener Unternehmen erleichtert, verstärkt.[153]

---

[144] Vgl. *BARNETT/SALOMON*, Really Good (2015), S. 83-86 und *DEES/ANDERSON*, Framing (2006), S. 56 f. sowie *FREEMAN*, Approach (2010).

[145] Vgl. *HALL*, Intangible Resources (2015), S. 111. Hier wird die Unternehmerfunktion des Reputators im Social Entrepreneurship erkennbar.

[146] Vgl. *MÜNSCHER/THEN/KEHL*, Verwendungsmöglichkeiten (2015), S. 164 f.

[147] Vgl. *SCHEUERLE et al.*, Social Entrepreneurship (2013), S. 57.

[148] Ähnlich *NICHOLLS*, Value (2009), S. 759.

[149] Vgl. *MÜNSCHER/SCHOBER*, Wegweiser (2015), S. 27.

[150] Vgl. *NICHOLLS*, Value (2009), S. 766.

[151] Vgl. *NICHOLLS*, Reporting (2010), S. 402.

[152] Vgl. *ARVIDSON/LYON*, Impact (2014), S. 871.

[153] Vgl. *SCHOBER/THEN*, Einleitung (2015), S. 2 f. und *GERBAULET*, Reputator (2016), S. 1.

Im Allgemeinen gilt die Zieldefinition als Grundvoraussetzung und Ausgangspunkt der Erfolgsmessung. Dieser geht idealtypisch ein systematischer Prozess der Identifikation einer übergeordneten Mission oder Vision voran, aus der strategische und operative Ziele abgeleitet werden.[154] In dieser Hinsicht sind Aspekte der traditionellen Erfolgsmessung auf den Bereich des Social Entrepreneurship und den Dritten Sektor prinzipiell übertragbar.[155] Die Erfolgsmessung und Berichterstattung befassen sich mit dem Nachweis der Zielerreichung, der Optimierung und der Dokumentation. Im gemeinnützigen Sektor sollen sie eine effizientere Kapitalallokation und effektivere Investitionsentscheidungen ermöglichen, die in der Folge zu einer besseren Finanzausstattung führen.[156]

Die doppelte Zielsetzung (soziale und finanzielle Rendite), die komplexen, multikausalen Wirkungsbeziehungen, die Subjektivität der Wirkung und die unterschiedlichen gesellschaftlichen Bereiche, in denen Social Entrepreneure tätig sind, stellen das Berichtswesen vor eine schwierige Aufgabe. Im Gegensatz zur finanziellen Rendite stellt die soziale Rendite als Maßstab für den Erfolg des Social Entrepreneurs nur ein abstraktes Konstrukt dar, das wesentlich komplexer zu erfassen, aber zugleich von hoher Bedeutung für die Anspruchsgruppen ist – mithin soll das Unmessbare gemessen werden.[157] Es ist zu berücksichtigen, dass die als wünschenswert erachteten gesellschaftlichen Effekte abhängig vom Wertegerüst des Betrachters sind und ihre Messung aufgrund dieser normativen Dimension ggf. gar nicht objektiv erfolgen kann. Des Weiteren sind die Aufgabenfelder verschiedener gemeinnütziger Organisationen so unterschiedlich, dass ein einheitlicher Erfolgsstandard unmöglich erscheint. Auch können sich die Aktivitäten und deren Wirkungen z.T. gegenseitig aufheben, widersprechen oder ergänzen.[158] Angesichts der Vielfalt der Anspruchsgruppen und der überdies unterschiedlichen Interessen, die mit der sozialen Mission im Social Entrepreneurship eine zusätzliche Dimension erhalten, erscheint die gleichzeitige Befriedigung sämtlicher In-

---

[154] Vgl. z.B. *KAPLAN/NORTON*, Strategy (2008), S. 35-38, *FREEMAN*, Approach (2010), S. 44, *HORAK*, Controlling (1995), S. 176-178 und 201-203 sowie *BASSEN*, Erfolgsmessung (2007), S. 231.

[155] Vgl. *BASSEN*, Erfolgsmessung (2007), S. 231 und *RAHMAN/HUSSAIN*, Reporting (2012), S. 125 f.

[156] Vgl. *ACHLEITNER/HEISTER/STAHL*, Überblick (2007), S. 18.

[157] Vgl. *ELKINGTON/HARTIGAN*, People (2008), S. 19 und *ACHLEITNER/HEISTER/STAHL*, Überblick (2007), S. 18 f.

[158] Vgl. *MÜNSCHER/SCHOBER*, Wegweiser (2015), S. 31.

formationsbedürfnisse als besondere Herausforderung.[159] Außerdem sind die
Fragen hinsichtlich der Methode der Wirkungsmessung und der Operationalisierung weiterhin offen.[160]

Die Erfolgsmessung und die Berichterstattung binden wertvolle Ressourcen, die
ggf. effizienter eingesetzt werden könnten, und zugleich werden die Entscheidungsunterstützungs- und Steuerungsfunktion nicht optimal erfüllt. In einer aktuellen Studie unter 22 Social Entrepreneuren aus verschiedenen Ländern und
Branchen, deren primäre Mission die Armutsbekämpfung in Entwicklungsländern ist, zeigen MOLECKE/PINKSE, dass sich einheitliche Berichtsstandards bislang
nicht durchsetzen konnten.[161] Ursächlich hierfür seien fehlende überzeugende
Konzepte zur Messung der sozialen Wirkung und die lückenhafte theoretische
Fundierung der Methodik der Wirkungskette, der hohe Ressourcenaufwand der
Datenerhebung sowie die ungenügende Aussagekraft über die zukünftige Leistungsfähigkeit der Organisation. Die Autoren beobachten, dass die Berichte vielmehr Stückwerk darstellen und auf die individuell vorhandenen und als sinnvoll
empfundenen Berichtselemente zurückgegriffen wird (sog. *Bricolage*).

Das Selbstverständnis vieler Unternehmen im sozialen Bereich steht dem Konzept der Erfolgsmessung oftmals entgegen, weil die sozialen Effekte und deren
individueller Nutzen nicht mit klassischen Effizienzmaßen erfasst werden können. Mithin wird die Erfolgsmessung als Widerspruch zur sozialen Mission gesehen und Wohltätigkeitsunternehmen sind skeptisch gegenüber marktwirtschaftlichen Prinzipien.[162] Die Gefahr der Monetarisierung des sozialen Bereichs und
die Sorge vor dem „Diktat der Ökonomie" lassen viele Akteure des gemeinwohlorientierten Sektors kritisch auf die Wirkungsmessung blicken.[163] Dabei stehen
nicht nur die vorgenannten Fragen in Bezug auf den methodischen Ansatz der
Wirkungsmessung im Mittelpunkt, sondern auch, inwiefern allein der Versuch der

---

[159] Vgl. *KORMAIER*, Unternehmensberichterstattung (2008), S. 2 und *AUSTIN/STEVENSON/WEI-SKILLERN*, Entrepreneurship (2006), S. 3.

[160] Vgl. *NICHOLLS*, Value (2009), S. 758 f., *ACHLEITNER et al.*, Standard (2009), S. 31, *AUSTIN/STEVENSON/WEI-SKILLERN*, Entrepreneurship (2006), S. 3 und *RODER*, Reporting (2011), S. 101-103.

[161] Vgl. hierzu und im Folgenden *MOLECKE/PINKSE*, Accountability (2017), S. 551 und *NICHOLLS*, Value (2009), S. 756.

[162] Vgl. *BASSEN*, Erfolgsmessung (2007), S. 231 und *BOSCHEE*, Perils (2006), S. 367 sowie ähnlich *ARVIDSON/LYON*, Impact (2014), S. 871 und 883.

[163] Vgl. *SCHOBER/THEN*, Einleitung (2015), S. 4.

Messung die Aktivitäten in unzulässiger Weise manipuliert. Rationalisierungsbemühungen könnten als Misstrauensvermutung betrachtet werden.[164] Nicht zuletzt unterscheiden sich Social Entrepreneure hierin von Wohltätigkeitsorganisationen, da sie die Wirkungsmessung als Bestandteil der unternehmerischen Herangehensweise betrachten (siehe Kapitel 2.1).

Ein allgemein anerkannter Berichtsstandard könnte die Attraktivität des Sektors für Kapitalgeber steigern.[165] Gerade sogenannte Venture Philanthropen übertragen ihre Erfahrungen aus dem privatwirtschaftlichen Bereich auf den Dritten Sektor.[166] Sie definieren z.B. Meilensteine, anhand derer sich der Zielrealisierungsgrad ablesen lässt. Außerdem legen sie Wert auf Größe bzw. Wirkungsreichweite. Im Ergebnis werden messbare und skalierbare Aktivitäten begünstigt.[167] Infolgedessen haben sich Wissenschaft und Praxis in den vergangenen Jahren mit der Frage geeigneter Ansätze, Instrumente sowie Berichtskonzepte und -standards auseinandergesetzt.[168] Hierzu zählen u.a. die wirkungsorientierte Berichterstattung, der Social Reporting Standard (SRS) und das Instrument Social Return on Investment (SROI).[169]

---

[164] Vgl. *SCHOBER/THEN*, Einleitung (2015), S. 4.

[165] Vgl. *ACHLEITNER et al.*, Standard (2009), S. 30.

[166] Als Venture Philanthrop wird ein Kapitalgeber im sozialen Bereich verstanden, der typischerweise einen Wagniskapital-Hintergrund (Venture Capital) hat. Der Begriff Venture Philanthropie umfasst die professionelle Vergabe von Finanzmitteln, oft begleitet von weiteren Unterstützungsmaßnahmen (z.B. Fachwissen oder Zugang zu Netzwerken), an Unternehmen des Dritten Sektors in Form von z.B. Spenden oder Risikokapital. In diesem Zusammenhang wird auch von Social Venture Capital oder Socially Responsible Venture Capital gesprochen. Vgl. *MARTIN/JOHN*, Philanthropy (2007), S. 39, *STAHL*, Capital (2007), S. 122 und *ALBERG-SEBERICH/WOLF*, Philanthropy (2011), S. 287-289.

[167] Vgl. *MARTIN/JOHN*, Philanthropy (2007), S. 41 f. und ähnlich *MERCATOR*, Handlungsempfehlungen (2012), S. 14.

[168] Vgl. *BASSEN*, Erfolgsmessung (2007), S. 235 und *RAHMAN/HUSSAIN*, Reporting (2012), S. 126.

[169] Siehe bspw. *RAHMAN/HUSSAIN*, Reporting (2012), S. 126-128 für einen Überblick über weitere Konzepte zur Messung der sozialen Dimension.

3.3 Ansätze zur Berichterstattung und Erhebung von Wirkungen im Social Entrepreneurship

3.3.1 Wirkungsorientierte Berichterstattung und soziale Wirkungskette

Die Bedeutung der wirkungsorientierten Berichterstattung sozialer Organisationen (engl. Social Impact Reporting) hat in den vergangenen Jahren aufgrund entsprechender Anforderungen unterschiedlicher Anspruchsgruppen zugenommen, wie eine britische Studie 2013 zeigen konnte.[170]

Grundsätzlich lassen sich finanzielle und nicht-finanzielle Informationen unterscheiden, wobei letztere auch als weiche oder qualitative Faktoren bezeichnet werden. Erstere hingegen sind quantitative Informationen, die ggf. dem traditionellen Rechnungswesen entstammen und direkt in monetären Größen ausgedrückt werden.[171] Im sozialen Bereich lassen sich die Folgen des Handelns (z.B. Verhaltensänderungen oder Fähigkeiten der Zielgruppe) nicht zwingend quantitativ bewerten. Insbesondere, wenn es um die nachhaltige Verbesserung sozialer Strukturen und die langfristige Beseitigung sozialer Missstände geht, greifen zudem kurzfristige Berichte über die abgelaufene (Förder-)Periode zu kurz.[172] Für Investoren, die ihre (soziale) Rendite maximieren möchten, steht daher die langfristige – und einem Unternehmen oder Projekt möglichst direkt zuordenbare – Wirkung im Mittelpunkt.[173] Infolgedessen stellt die Kommunikationsfunktion eine zentrale Funktion der Wirkungsanalyse dar. Sie soll als Teil der Außenkommunikation die Effektivität des eigenen Handelns glaubwürdig nachweisen und dient dem Aufbau von Reputation und der Legitimation.[174] Sie kann dabei positiv nach innen auf die Mitarbeitermotivation wirken und extern das Einwerben von Spendengeldern und öffentlichen Zuwendungen sowie die Investorensuche unterstützen.[175] Der zunehmende Wettbewerbsdruck bedingt außerdem die interne Ver-

---

[170] Vgl. *Arvidson/Lyon*, Impact (2014), S. 878.

[171] Vgl. *Bassen*, Erfolgsmessung (2007), S. 233.

[172] Vgl. *Reichelt*, SROI (2009), S. 3.

[173] Vgl. *Achleitner/Bassen/Roder*, Framework (2009), S. 3.

[174] Vgl. *Münscher/Then/Kehl*, Verwendungsmöglichkeiten (2015), S. 161 f.

[175] Vgl. *Münscher/Then/Kehl*, Verwendungsmöglichkeiten (2015), S. 162 f. sowie *Münscher/Schober*, Wegweiser (2015), S. 30.

wendung der Wirkungsanalyse und -messung zur strategischen Entwicklung und
Positionierung sowie Förderung des effizienten Mitteleinsatzes.[176]

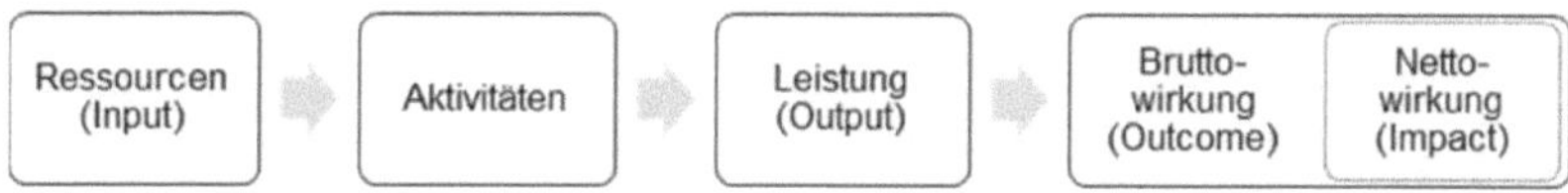

Abbildung 3: Soziale Wirkungskette[177]

BLOOM beschreibt in Anlehnung an die W. K. KELLOGG FOUNDATION das Konzept einer (sozialen) Wirkungskette (engl. Impact Value Chain) im Kontext des Social
Entrepreneurship (siehe **Fehler! Verweisquelle konnte nicht gefunden werden.**).[178] Das Modell analysiert die soziale Wertschöpfung entlang ihrer Ursache-Wirkungsfolge und stellt deren Kausallogik dar. Anstelle bloßer Kosten-Nutzen-Überlegungen stehen die Zielerreichung und die Wirksamkeit der Maßnahmen im
Vordergrund.[179] Ausgehend von einem *Ressourceneinsatz* (*Input*: z.B. Zeit, Geld,
Sachmittel, Wissen, Personal) und *Umsetzungsaktivitäten* wird ein messbares Resultat erzielt, welches die unmittelbar erbrachte *Leistung* (*Output*: z.B. Anzahl der
Teilnehmer an einem Weiterbildungskurs) bezeichnet, aus der sich Veränderungen ergeben, die eine bestimmte *Wirkung* (*Outcome* und *Impact*) entfalten.[180] Da
die Leistung nicht zwingend etwas über die erzielte Veränderung aussagt, fokussiert das Konzept auf die tatsächlich durch die Aktivitäten entfachte Wirkung.[181]

Die Differenzierung zwischen Outcome und Impact lässt sich im Deutschen in Anlehnung an RAUSCHER/MILDENBERGER/KRLEV mit den Begriffen Brutto- und Netto-wirkung vornehmen. Die *Bruttowirkung* (Outcome) ist die Summe aller beabsichtigten und unbeabsichtigten Veränderungen (z.B. Verdrängungseffekte) und beinhaltet ggf. auch solche Effekte, die ohne Zutun des Projektes entstanden wären.
Die *Nettowirkung* (Impact) bezeichnet das Ergebnis, welches auf ein bestimmtes
Projekt zurückgeführt werden kann und um solche Effekte bereinigt ist, die auch

---

[176] Vgl. *MÜNSCHER/SCHOBER*, Wegweiser (2015), S. 29 f. und 40, *MÜNSCHER/THEN/KEHL*, Verwendungsmöglichkeiten (2015), S. 163 f. sowie *ARVIDSON/LYON*, Impact (2014), S. 876.

[177] In Anlehnung an *BLOOM*, SE Lab (2006), S. 288 und *CLARK et al.*, Impact (2004), S. 6 f.

[178] Vgl. hierzu und im Folgenden *BLOOM*, SE Lab (2006), S. 287-291, *CLARK et al.*, Impact (2004), S. 6 f. sowie *ACHLEITNER/BASSEN/RODER*, Framework (2009), S. 14-16.

[179] Vgl. *SCHOBER/THEN*, Einleitung (2015), S. 4.

[180] Vgl. *REICHELT*, SROI (2009), S. 18 und 20 f. sowie *RAUSCHER/MILDENBERGER/KRLEV*, Wirkungsmodell (2015), S. 41 ff.

[181] Vgl. *ACHLEITNER/BASSEN/RODER*, Framework (2009), S. 14 f.

ohne Zutun des Projektes geschehen wären.[182] Die Effektivität bemisst sich folglich mittels der Leistung und der erzielten Wirkung, die Effizienz hingegen anhand der Gegenüberstellung der Leistung bzw. der Wirkung mit den aufgewendeten Ressourcen.[183]

Von besonderer Bedeutung sind Hebelwirkungen (d.h. der effektive und effiziente Ressourceneinsatz, um die soziale Mission bestmöglich zu erfüllen) und Skaleneffekte (d.h. die Reichweite und die Möglichkeiten, das Geschäftsmodell zu duplizieren). Erstere beziehen sich auf die beiden Kästen Ressourcen und Aktivitäten in **Fehler! Verweisquelle konnte nicht gefunden werden.**, letztere auf die Brutto- und Nettowirkung. Die Hebelwirkung bezeichnet z.B. den Einsatz eines Euros in einem Entwicklungsland im Vergleich zum Einsatz in einem Industrieland. Skaleneffekte hingegen können im Rahmen des organischen Unternehmenswachstums durch Kooperationen, Franchising, Lizenzvergabe oder durch Replizierung, Adaption und Imitation des Geschäftsmodells durch andere erfolgen. Für ELKINGTON/HARTIGAN stellen die Hebelwirkung und Skalierbarkeit zentrale Ziele des Social Entrepreneurs und seiner Unterstützer dar. D.h. mit gegebenen Mitteln wird ein möglichst hoher Einfluss ausgeübt und eine große Wirkung erzielt.[184] Wie eingangs dargelegt, stehen im Zusammenhang mit der externen Unternehmensberichterstattung insbesondere die Skalierung und Replizierung im Fokus.

3.3.2 Social Return on Investment als Instrument zur Erhebung und monetären Erfassung von Wirkungen

Die ursprüngliche Konzeption des Social Return on Investment (SROI) geht auf den THE ROBERTS ENTERPRISE DEVELOPMENT FUND (REDF) zurück und der SROI soll soziale Aktivitäten finanziell bewerten.[185] Die leitenden Gedanken sind, wie der soziale Erfolg gemessen werden kann, wie darauf basierend Entscheidungen über den richtigen Mitteleinsatz getroffen werden können und ob die erzielten Effekte mit den Ansprüchen übereinstimmen. Es erscheint unabdingbar, die Ergebnisse

---

182 Vgl. *RAUSCHER/MILDENBERGER/KRLEV*, Wirkungsmodell (2015), S. 41-47 und *BASSEN*, Erfolgsmessung (2007), S. 233.

183 Vgl. *ACHLEITNER/BASSEN/RODER*, Framework (2009), S. 15.

184 Vgl. *ELKINGTON/HARTIGAN*, People (2008), S. 30-34.

185 Vgl. *ACHLEITNER/HEISTER/STAHL*, Überblick (2007), S. 19 und *NICHOLLS*, Value (2009), S. 760. Auf Deutsch lässt sich der Begriff mit *Sozialrendite* übersetzen, jedoch erscheint es sinnvoll den englischen Begriff zu verwenden, um eindeutig auf das hier vorgestellte Konzept des SROI als Instrument zur Messung der *sozialen Rendite* zu referenzieren.

in Form des erzielten Nutzens quantifizieren zu können, wenn die eingesetzten Ressourcen gerechtfertigt werden sollen. Der SROI erhebt daher den Anspruch, eine Methode bereitzustellen, die die klassische Erfolgsmessung um die sozial-ökonomische und ökologische Dimension erweitert.[186] Hierfür werden konventionelle Ansätze der Kosten-Nutzen-Analyse mit Methoden zur Bewertung gemeinnütziger Projekte kombiniert. Dabei stellt die Monetarisierung sozialer Auswirkungen eine der wesentlichen Herausforderungen dar.[187] Im Kern besagt der SROI-Ansatz, „dass mehr oder weniger umfangreich monetarisierte Wirkungen auf den monetären und (eingeschränkt) monetarisierten Input bezogen werden."[188] Nicht zuletzt geht es hierbei um die transparente Kommunikation der Ergebnisse. Die SROI-Analyse steht insoweit in der Tradition der ökonomischen Evaluation und im Vordergrund steht die Berichtslegung gegenüber den Kapitalgebern.[189]

Für diese Arbeit ist insbesondere das sogenannte REDF-SROI-Modell von Bedeutung, da es explizit für Unternehmen entwickelt wurde, die ihre Produkte und Dienstleistungen am freien Markt anbieten und dabei eine benachteiligte Zielgruppe besonders fördern wollen.[190] Dieser Ansatz greift auf die Standardinstrumente der Investitionsrechnung[191] zurück und verbindet sie mit der Wirkungsmessung. Das Modell gründet auf dem *Blended Value* Ansatz. D.h. es stellt den *gemischten Wert* aus Unternehmenswert und sozialem Wert dar.[192] Für PORTER/KRAMER ist dies das wesentliche Erfolgskriterium im Social Entrepreneurship.[193] Der SROI bemisst sich – in einer verkürzten Darstellung und ohne an dieser Stelle auf die investitionstheoretischen Herausforderungen bei der Projekt- und Unternehmensbewertung einzugehen – als Quotient aus dem Barwert der Erträge und dem Barwert der Investitionen.[194]

---

186 Vgl. *REICHELT*, SROI (2009), S. 7.

187 Vgl. *REICHELT*, SROI (2009), S. 4.

188 *SCHOBER/THEN*, Einleitung (2015), S. 17.

189 Vgl. *SCHOBER/THEN*, Einleitung (2015), S. 11-13 und *REICHELT*, SROI (2009), S. 12.

190 Vgl. *REDF*, SROI (2001), S. 14.

191 Vgl. *HERING*, Investitionstheorie (2017) und *HERING*, Unternehmensbewertung (2014) für einen allgemeinen Überblick über den Gegenstand und die Modelle der Investitionstheorie und deren Anwendung im Bereich der Unternehmensbewertung.

192 Vgl. *REDF*, SROI (2001), S. 18 und *NICHOLLS*, Value (2009), S. 760.

193 Vgl. *PORTER/KRAMER*, Value (2011), S. 10.

194 Vgl. *REDF*, SROI (2001), S. 18 f.

REICHELT unterteilt das dem SROI zugrunde liegende Wertekonzept in ökonomische, sozioökonomische und soziale Werte.[195] Während ökonomische Werte das
klassische Bestreben eines gewinnorientierten Unternehmens kennzeichnen und
durch diverse etablierte Kennzahlen gemessen werden können, zielen Unternehmen des Dritten Sektors auf die Verbesserung von Lebensbedingungen ihrer Zielgruppe. Die sozioökonomische Wertschöpfung umfasst bspw. Einsparungen oder
Mehreinnahmen beim Staat für Arbeitslosengeld, Steuermehreinnahmen o.Ä. Dies
ist mit erheblichen Problemen hinsichtlich der Messbarkeit verbunden. Der Bericht im REDF-Ansatz umfasst daher neben den Kennzahlen auch die Darstellung
des Projektes und der nicht messbaren Werte sowie einen Ausblick auf die ge-
planten Aktivitäten und Initiativen.[196] Damit ähnelt der SROI-Bericht im REDF-
Ansatz vom Aufbau her dem eines gewinnorientierten Unternehmens. Er soll Investoren und anderen Anspruchsgruppen eine Einschätzung der Leistungsfähigkeit sowie ein umfangreiches Bild über die Arbeit des Unternehmens vermitteln.[197]

Aufgrund der Schwierigkeiten bei der tatsächlichen Ermittlung des SROI und der
fehlenden unternehmensübergreifenden Vergleichbarkeit sieht REICHELT den
Mehrwert vor allem in der verbesserten Argumentationsfähigkeit des Unternehmens gegenüber seinen Anspruchsgruppen.[198] Die Verwendung einer Spitzen-
kennzahl wie dem SROI ist besonders im Hinblick auf die laufenden Berichtsle-
gungsanforderungen attraktiv, wodurch der Einsatz als Kommunikationsinstru-
ment mit dem Ziel der Mitteleinwerbung und Legitimation im Vordergrund
steht.[199]

---

[195] Vgl. hierzu und im Folgenden *REICHELT*, SROI (2009), S. 8-10.

[196] Vgl. *REICHELT*, SROI (2009), S. 16.

[197] Vgl. *REDF*, SROI (2001), S. 44-46.

[198] Vgl. *REICHELT*, SROI (2009), S. 69-71.

[199] Vgl. *SCHOBER/THEN*, Einleitung (2015), S. 1, *MÜNSCHER/THEN/KEHL*, Verwendungsmöglichkeiten (2015), S. 161 f., *MAIER et al.*, SROI (2015), S. 1811-1814, *MÜNSCHER/SCHOBER*, Wegweiser
(2015), S. 39 sowie ähnlich *ARVIDSON/LYON*, Impact (2014), S. 881.

3.3.3 Social Reporting Standard – ein Rahmenwerk für die externe Berichterstattung im Social Entrepreneurship

In der Neuen Institutionenökonomik dient die Berichterstattung als Kommunikations- bzw. Kontrollinstrument mit dem Ziel Informationsasymmetrien zu verringern. Zugleich werden die Kosten der Informationssuche reduziert und sie nützt dem Kapitalgeber als Entscheidungshilfe.[200] Ein standardisiertes Berichtsformat wirkt auf Seiten der Kapitalgeber transaktionskostenmindernd, wenn entscheidungsrelevante Informationen gezielt identifiziert werden können. Eine höhere Vergleichbarkeit zwischen unterschiedlichen Social Enterprises sowie deren Entwicklung im Zeitverlauf ermöglicht des Weiteren eine renditemaximierende Kapitalallokation und Risikodiversifikation. Dies könnte die Kapitalverfügbarkeit für diesen Sektor erhöhen.[201] Bei nicht ausreichender Informationsgrundlage hingegen unterbleiben Investitionen aufgrund der Unsicherheit und der notwendigen Kosten für die Informationsbeschaffung.[202] Ein einheitlicher Berichtsstandard kann dazu beitragen, die Transparenz zu verbessern und den Aufwand mittelfristig zu reduzieren.[203]

Social Entrepreneure und nicht-gewinnorientierte Unternehmen unterliegen, wie bereits mehrfach betont, analog zu kommerziellen Unternehmen der Rechenschaftspflicht gegenüber ihren Geldgebern und sind in der Praxis verschiedenen Berichtsanforderungen diverser Interessengruppen ausgesetzt. Während sich traditionelle Unternehmen an eindeutigen Rechnungslegungs- und Veröffentlichungspflichten orientieren, existiert im Bereich des Social Entrepreneurship kein in der Weise anerkannter Berichtsstandard. In Deutschland kommt erschwerend hinzu, dass es für Social Entrepreneure keine eigene Rechtsform mit entsprechend kodifizierten Berichtsanforderungen gibt. So wird z.B. auf die Stiftung, den Verein (e.V.), die gemeinnützige GmbH (gGmbH) oder die Genossenschaft (e.G.) zurückgegriffen.[204]

---

[200] Siehe Kapitel 3.1.

[201] Siehe Kapitel 3.2.

[202] Vgl. *ACHLEITNER/BASSEN/RODER*, Framework (2009), S. 3 und 16 sowie ähnlich *SCHEUERLE et al.*, Social Entrepreneurship (2013), S. 81.

[203] Vgl. *MERCATOR*, Handlungsempfehlungen (2012), S. 10.

[204] Vgl. *SCHEUERLE et al.*, Social Entrepreneurship (2013), S. 9 und 22. Im Gegensatz z.B. zum Vereinigten Königreich, wo mit der Community Interest Company (CIC) eine eigene Rechtsform

Um in diesem Bereich einen Standard zu etablieren und zu vermeiden, dass für unterschiedliche Adressaten unzählige, verschiedene Berichte erstellt werden müssen, wurde 2010 der Social Reporting Standard (SRS) veröffentlicht, der auf der inhaltlichen Vorarbeit verschiedener Forschungsarbeiten an der Technischen Universität München und der Universität Hamburg beruht, insbesondere auf der Dissertation RODERS.[205] Er wurde als Leitfaden der wirkungsorientierten Berichterstattung konzipiert und eignet sich als solcher für die externe Unternehmensberichterstattung. Die ganzheitliche Konzeption des Standards, der neben ökonomischen auch soziale und ökologische Perspektiven integriert, beruht zum einen auf dem St. Galler Management-Modell[206] und zum anderen auf dem Konzept der unter Kapitel 3.3.1 vorgestellten Wirkungskette (im SRS als IOOI-Wirkungskette betitelt für Input-Output-Outcome-Impact).[207] Der Standard ist so konzipiert, dass er prinzipiell auch anschlussfähig für den SROI ist.

Der SRS in der Version von 2014 umfasst nur noch drei Hauptkapitel (ehemals fünf): Teil A umreißt die Vision und das Angebot des Social Entrepreneurs für die Betroffenen. Teil B stellt dieses Angebot im Detail vor und legt den Fokus auf die Wirkungskette. Teil C beschreibt das Organisationsprofil sowie die finanziellen Rahmenbedingungen (siehe **Fehler! Verweisquelle konnte nicht gefunden werden.**). Die allgemeinen Grundsätze der Berichterstattung verlangen eine Vergleichbarkeit der Berichte im Zeitverlauf (d.h. gleicher Zeitraum und dieselben Organisationen sowie Angebote).[208]

Der erste Teil (*Einleitung und Überblick*) beschreibt mit der Vision die bezweckte Wirkung der Organisation und welcher Idealzustand langfristig angestrebt wird. Außerdem vermittelt er einen Überblick über den Gegenstand des Berichts. Im zweiten Teil (*Leistungsangebot*) wird dies dahingehend konkretisiert, dass zunächst das gesellschaftliche oder ökologische Problem, seine Betroffenen und Ursachen sowie die Folgen erläutert werden und an welche Zielgruppe sich das Leistungsangebot konkret richtet. Den Kern dieses Abschnitts bilden die Wirkungs-

---

für Social Enterprises existiert (vgl. *NICHOLLS*, Value (2009), S. 759 und *NICHOLLS*, Reporting (2010), S. 396). Siehe auch **Fehler! Verweisquelle konnte nicht gefunden werden.**.

[205] Vgl. *SRI*, Entstehung (2017) und *SRI*, Leitfaden (2014), S. 30 sowie *RODER*, Reporting (2011).

[206] Für eine Darstellung des St. Galler Management-Modells siehe https://www.sgmm.ch sowie *RODER*, Reporting (2011), S. 125-128.

[207] Vgl. *ACHLEITNER/BASSEN/RODER*, Framework (2009), S. 3 und 8-12.

[208] Vgl. *SRI*, Aufbau (2017) und *SRI*, Leitfaden (2014).

kette und die dahinterstehende Wirkungslogik. Hier werden die Strategie und die konkreten Ansatzpunkte in der Ursachenkette sowie der verfolgte Lösungsansatz geschildert. Dies umfasst die eingesetzten Mittel (Input), die erbrachten Leistungen (Output) und die letztlich erreichten Wirkungen (Outcome und Impact). Hierfür werden entsprechende Indikatoren definiert, mit denen die Zielerreichung und die Wirkung gemessen werden sollen (Evaluation und Qualitätssicherung). Der zweite Teil enthält darüber hinaus einen Ausblick auf den folgenden Berichtszeitraum mit den wesentlichen Zielen, Chancen und Risiken (Risikoberichterstattung). Abschließend werden noch die handelnden Personen und ihre Erfahrungen, Kompetenzen, Motivation etc. erläutert und ggf. Kooperationen und Netzwerke, auf die die Organisation zurückgreift.

Kapitel 1 (Teil A)	Kapitel 2 (Teil B)	Kapitel 3 (Teil C)
Einleitung und Überblick	**Leistungsangebot**	**Organisationsprofil**
Vision	Gesellschaftliches Problem	Allgemeine Angaben
Angebot	Lösungsansatz	Unternehmensführung
Geltungsbereich	Zielgruppen	Organe
Berichtszeitraum	IOOI-Wirkungskette	Internes Kontrollsystem
Berichtszyklus	Indikatoren	Umwelt-/Sozialprofil
Anwendung des SRS	Eingesetzte Ressourcen	Eigentümerstrukturen
Ansprechpartner	Erbrachte Leistungen	Finanzbericht
	Erzielte Wirkungen	Finanzplanung
	Evaluation und Qualitätssicherung	
	Vorjahresvergleich	
	Planung und Ausblick	
	Risikobericht	
	Handelnde Personen	
	Kooperationen/Netzwerke	

Tabelle 5: Aufbau des Social Reporting Standards (2014)

Der letzte Teil (*Organisationsprofil*) macht Angaben bezüglich der Unternehmensführung, der Organe, der Personalstruktur, des internen Kontrollsystems (inkl. Risikomanagement) und des Sozialprofils. Mit einem Überblick über die Finanz- und Vermögenslage gibt dieser Abschnitt Aufschluss über die wirtschaftliche Leistungsfähigkeit der Organisation. Er kann, sofern vorhanden, auf dem handelsrechtlichen Jahresabschluss nach HGB oder der Einnahmen-/Ausgaben-Rechnung mit Vermögensrechnung z.B. nach Maßgabe des DZI basieren. Ähnlich dem handelsrechtlichen Lagebericht[209] wird neben der vergangenheitsbezogenen Darstellung der finanziellen Situation auch die finanzielle Planung für den folgenden Be-

---

[209] Vgl. *COENENBERG/HALLER/SCHULTZE*, Jahresabschluss (2014), S. 921-940.

richtszeitraum erläutert und unter Berücksichtigung der Chancen und Risiken
beurteilt.

3.4 Zwischenfazit und Forschungslücke

Zu Beginn dieser Arbeit wurde der Kontext des Social Entrepreneurship erläutert
und dessen Bedeutung mit dem Versagen des Staates, aber auch herkömmlicher
gemeinnütziger Organisationen in Teilen des gesellschaftlichen und ökologischen
Bereichs sowie mit Marktunvollkommenheiten begründet. Social Entrepreneurship ist Unternehmertum zur Lösung gesellschaftlicher Probleme und der Social
Entrepreneur ist in dem hier verwendeten Verständnis ein Unternehmer, der – im
Gegensatz zur Gewinnmaximierung – die Lösung eines gesellschaftlichen oder
ökologischen Problems in den Mittelpunkt seines Handelns stellt. Dabei operiert
er unter der Nebenbedingung der Gewinnerzielung. Sein institutionelles Pendant
ist das Social Enterprise. Die vier konstitutiven Merkmale des Social Entrepreneurship sind: (1) unternehmerische Herangehensweise, (2) institutioneller Kontext,
(3) soziale Mission und (4) Einkommensgenerierung. Social Enterprises stehen –
wie kommerzielle Unternehmen – vor der Herausforderung des Einwerbens finanzieller Mittel und anderer Ressourcen.

Die externe Unternehmensberichterstattung dient neben der Erfüllung rechtlicher Vorgaben vor allem der Finanzierungsunterstützung, der Legitimation sowie
dem Aufbau von Reputation. Analog zur Berichterstattung im privatwirtschaftlichen Bereich erfüllt sie die Informationsfunktion und soll die Informationsasymmetrie zwischen Prinzipal und Agenten verringern (Entscheidungsunterstützung
und Rechenschaftslegung). Hierzu bedient sich der Social Entrepreneur der wirkungsorientierten Berichterstattung, um die organisationale Leistungsfähigkeit in
Bezug auf die soziale Mission zu vermarkten. So rechtfertigt er seine Existenz und
den Zufluss finanzieller Mittel und anderer Ressourcen, über deren Verwendung
er Rechenschaft ablegt.

Im Kontext der Neuen Institutionenökonomik ist eine standardisierte Berichterstattung als transaktionskostenmindernd einzustufen und kann im Hinblick auf
die Prinzipal-Agenten-Theorie Marktfriktionen u.a. im Bereich der Finanzierung
mindern. Wie gezeigt, gilt dies selbst dann noch, wenn das Menschenbild der
Stewardship-Theorie zugrunde gelegt wird, da auch hier von ungleich verteilten
Informationen zwischen den Parteien auszugehen ist. Der Kapitalgeber hat bspw.
einen spezifischen Informationsbedarf hinsichtlich der Ressourcenverwendung
und des Erfolgs. Das Unternehmen ist daher auf das Vertrauen seiner Anspruchs-

gruppen angewiesen und nutzt die Berichterstattung zum Reputationsaufbau. Von besonderer Bedeutung sind neben den (1) Kapitalgebern und (2) Kunden bzw. Begünstigten vor allem (3) politische Entscheidungsträger sowie (4) Nachahmer zwecks Replizierung des Geschäftsmodells und (5) die interessierte Öffentlichkeit.

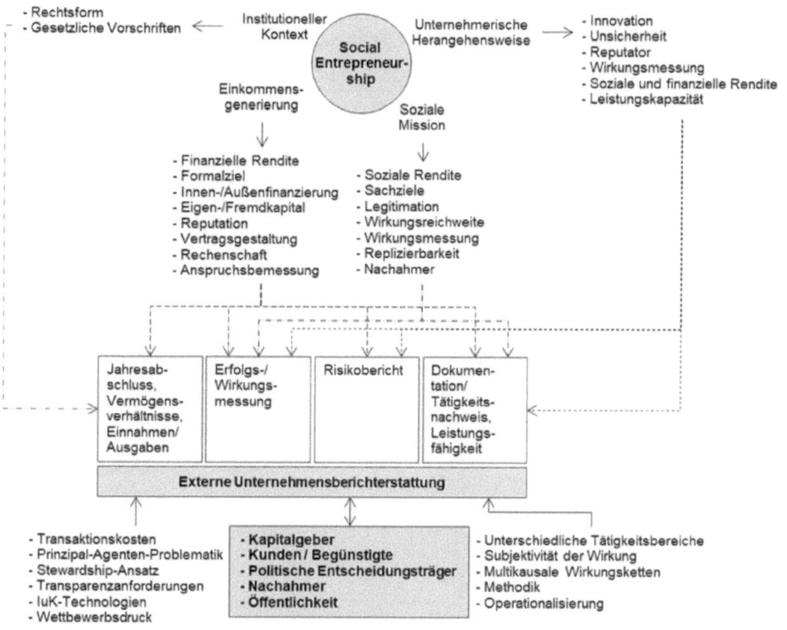

Abbildung 4: Herausforderungen und Einflussfaktoren der externen Unternehmensbe-richterstattung im Social Entrepreneurship

In den vorangegangenen Kapiteln wurden die Ansprüche an ein standardisiertes Berichtswesen im Social Entrepreneurship und dessen Herausforderungen dargelegt, die sich aus dem Trend zur Erfolgsmessung mit Instrumenten der klassischen Unternehmensrechnung ergeben. Hierzu gehören die Definition, Messung und finanzielle Bewertung sozialer Aktivitäten und der zugrunde liegenden Wirkungsketten. Außerdem existieren divergierende Interessen und Schwerpunkte unterschiedlicher Anspruchsgruppen – von Kunden, Spendern und Philanthropen über traditionelle Kreditgeber bis hin zu Risikokapitalgebern – sowie fehlende allgemein akzeptierte Berichtsstandards, an denen sich der Social Entrepreneur orientieren könnte. Entscheidend ist daher, wie Social Entrepreneure mit diesen Herausforderungen umgehen.

Aktuell existieren im deutschsprachigen Raum keine Untersuchungen darüber, auf welche Weise und wie effektiv die Anforderungen der Berichtsadressaten im Social Entrepreneurship berücksichtigt werden und welche Herausforderungen sich hieraus ergeben. In Kapitel 4 werden deswegen ausgewählte Berichte aus dem Bereich des Social Entrepreneurship dahingehend analysiert, um in Kapitel 5 Empfehlungen für die externe Unternehmensberichterstattung abzuleiten.

Fehler! Verweisquelle konnte nicht gefunden werden. fasst die bislang identifizierten Herausforderungen und Einflussfaktoren der externen Unternehmensberichterstattung im Social Entrepreneurship in Bezug auf die in dieser Untersuchung vorgenommene Begriffsabgrenzung und identifizierten Anspruchsgruppen zusammen.

4 Qualitative Untersuchung ausgewählter Unternehmensberichte

4.1 Methodik und Datenerhebung

Derzeit fehlt es an einem ausreichenden Verständnis darüber, welche Berichterstattungselemente und -konzepte in der Praxis angewendet werden und wie effektiv diese den Anforderungen der Adressaten gerecht werden. In einem relativ jungen Forschungsbereich wie diesem und im Umfeld fehlender empirischer Daten erscheinen qualitative Studien als ein geeignetes Instrument.[210] Der hier verwendete qualitative Forschungsansatz ist explorativ angelegt.[211] Es wird untersucht, wie externe Unternehmensberichte ausgewählter Social Entrepreneure aufgebaut sind und welche Instrumente und Konzepte sie anwenden. Abschließend erfolgt in Kapitel 5 eine Interpretation der Beobachtungen – unter Bezug auf die in Kapitel 3 dargestellten Theorien und Methoden – mit dem Ziel, Ansatzpunkte für die externe Unternehmensberichterstattung im Social Entrepreneurship zu erarbeiten. Hierbei stehen die Herausforderungen, Problemfelder und die konzeptionelle Ausgestaltung des externen Berichtswesens im Mittelpunkt.

---

[210] Vgl. *EISENHARDT*, Theories (1989), S. 548 f.

[211] Hinsichtlich des qualitativen Forschungsansatzes bei explorativen Fragestellungen siehe z.B. *YIN*, Research (2003), S. 5-9 und *BAXTER/JACK*, Methodology (2008), S. 545 f.

Qualitative Untersuchung ausgewählter Unternehmensberichte

Unternehmen	Abkürzung	Datenbank	Tätigkeitsfeld	untersuchte Berichte	Berichts-jahr	Soziale Mission	Einkommens-generierung	Unternehmerische Herangehensweise	Institutioneller Kontext (Unternehmensform)
betterplace.org (gut.org gAG)	BP	SRS Ashoka	Online-Spenden-plattform	- Jahresbericht - Geschäftsbericht/ Jahresabschluss	2016	Spenden transparenter und einfacher machen, um Spendenaufkommen zu vergrößern für eine lebenswertere Welt	Ja, Unternehmens-kooperationen, Vermittlungs-gebühren und Beratung	Ja, u.a. marktwirt-schaftliches Geschäfts-modell, innovativer Lösungsansatz	gemeinnützige AG
Coffee Circle (Circle Products GmbH)	CC	B Corporation SRS	- Handel - Entwicklungshilfe	- Wirkungsbericht	2016	Lebensbedingungen von Kaffeefarmern verbessern und transparente, profitable Wertschöpfungskette	Ja, Handel mit Kaffee und Zubehör	Ja, u.a. marktwirt-schaftliches Geschäfts-modell, Wirkungs-messung	GmbH
Dialoghaus Hamburg	DHH	Schwab Ashoka	- Veranstaltungen - Ausstellungen	- Wirkungsbericht	2016	Inklusion von Menschen mit Behinderung und Schaffung von Arbeitsplätzen	Ja, u.a. Erlöse aus dem Kartenverkauf	Ja, u.a. marktwirt-schaftliches Geschäfts-modell, innovativer Lösungsansatz, Wirkungsmessung, Replizierung	gemeinnützige GmbH
Ecosia	E	B Corporation	- Online-Marketing - Suchmaschine	- Finanzbericht	08/2017	Aufforstung, Baum-pflanzprojekte, CO2-Reduktion	Ja, Werbeeinnahmen	Ja, u.a. marktwirt-schaftliches Geschäfts-modell, privatwirt-schaftlich organisiert, innovativer Lösungsansatz	GmbH
EinDollarBrille	EDB	Ashoka	- Gesundheit - Nachhaltige Entwicklungshilfe	- Jahresbericht	2016	Menschen weltweit mit günstigen, lokal produzierten Brillen versorgen	Teilweise, Material-verkauf, stärkere finanzielle Eigen-ständigkeit geplant, Eigenfinanzierung der Projekte	Ja, u.a. marktwirt-schaftliches Geschäfts-modell, innovativer Lösungsansatz	e.V.
EWS Elektrizitätswerke Schönau	EWS	Ashoka	Energieversorgung	- Geschäftsbericht - Konzernabschluss	2016	Nachhaltige Energie-zukunft/-wende, Atom-ausstieg, Klimaschutz	Ja, Umsatzerlöse aus Energieversorgung und Beteiligungs-erträge	Ja, u.a. marktwirt-schaftliches Geschäftsmodell	e.G.
Oikocredit (Oikocredit Ecumenical Development Cooperative Society U.A.)	OC	k.A.	Finanzierung: - Mikrofinanz - Landwirtschaft - Fairer Handel - Erneuerbare Energien	- Jahresbericht - Annual Report - Wirkungsbericht	2016	Gerechte, partizipatorische und zukunftsfähige Gesellschaft	Ja, Zinsen und Beteiligungserträge	Ja, u.a. marktwirt-schaftliches Geschäfts-modell, innovativer Lösungsansatz, Wirkungsmessung	Genossenschaft niederländischen Rechts
Viva con Agua (Viva con Agua de Sankt Pauli e.V.)	VCA	k.A.	Handel	- Jahresbericht	2016	Zugang zu sauberem Trinkwasser, sanitärer Grundversorgung und Hygieneeinrichtungen	Teilweise, Beteiligung an Viva con Aqua Wasser GmbH und Goldeimer GmbH und deren Vertrieb sozialer Konsum-produkte	Ja, u.a. marktwirt-schaftliches Geschäftsmodell	e.V.
wellcome	W	Schwab SRS Ashoka	Familienberatung/ -unterstützung	- Jahres-/Wirkungs-bericht - Jahresabschluss	2016	Primärpräventive Unterstützung von Müttern und Familien insb. nach der Geburt	Teilweise, Koopera-tionsgebühren der Franchisenehmer und Gebühren der betreuten Familien	Ja, u.a. marktwirt-schaftliches Geschäfts-modell, innovativer Lösungsansatz, Wirkungsmessung	gemeinnützige GmbH

Tabelle 6: Übersicht der untersuchten Unternehmen und Berichte

Zur Analyse der Problemstellung wurden die Unternehmensberichte von neun in Deutschland tätiger Unternehmen herangezogen, deren Aktivitäten dem Social Entrepreneurship zugeordnet werden können. Die Auswahl erfolgte im November 2017 vor dem Hintergrund der Heterogenität der Unternehmen, um anstelle der statistischen Repräsentativität eine gewisse *inhaltliche Repräsentation* zu erzielen.[212] Andererseits dient diese Auswahl der *Illustration* und *Untersuchung* der in Kapitel 3 aufgestellten Hypothesen hinsichtlich der Herausforderungen.[213] Die Identifikation erfolgte u.a. unter Zuhilfenahme der Verzeichnisse von Ashoka, B Corporation, der Schwab Foundation und des Social Reporting Standards.[214] Die so erfassten Unternehmen wurden anschließend anhand der dieser Untersuchung zugrunde liegenden Abgrenzungskriterien und vor dem Hintergrund einer breiten Abdeckung unterschiedlicher Tätigkeitsfelder vorselektiert. Die letzten Endes ausgewählten und in **Fehler! Verweisquelle konnte nicht gefunden werden.** aufgeführten Organisationen veröffentlichen ihre aktuellen Berichte frei zugänglich auf der unternehmenseigenen Webseite. Organisationen, die keine Berichte oder ausschließlich einen gesetzlichen Jahresabschluss im elektronischen Bundesanzeiger veröffentlichen, wurden nicht berücksichtigt.

Das Kriterium der Einkommensgenerierung erwies sich bei der Identifikation als besonders herausfordernd, da ein Teil der Unternehmen (noch) nicht finanziell unabhängig ist oder zumindest nicht unwesentlich auf Spenden und staatliche Zuwendungen angewiesen ist (BP, EDB, VCA, W). Sofern die finanzielle Unabhängigkeit jedoch angestrebt wird, das Geschäftskonzept potentiell wirtschaftlich tragfähig erscheint oder nicht unwesentliche Einkünfte außerhalb von Spenden vorliegen, wurden diese Unternehmen in die Auswahl aufgenommen. Hinsichtlich der Kriterien soziale Mission und unternehmerische Herangehensweise wurden mit E und VCA auch Unternehmen ausgewählt, die das gesellschaftliche Problem nicht direkt lösen, sondern ein Geschäftsmodell verfolgen, dessen Erträge in die Problemlösung investiert werden. Da der Geschäftszweck jedoch der sozialen Mission bzw. dem gesellschaftlichen Wandel zuzurechnen ist und zugleich durch

---

[212] Vgl. *MERKENS*, Stichproben (1997), S. 100 und 104.
[213] Vgl. *SIGGELKOW*, Persuasion (2007), S. 21-23.
[214] Siehe https://www.ashoka.org/de/our-network,
  http://www.bcorporation.net/community/find-a-b-corp,
  http://www.schwabfound.org/entrepreneurs und http://www.social-reporting-standard.de/anwender/anwender-liste.

die Aktivitäten Bewusstsein für das gesellschaftliche Problem geschaffen wird, wurden diese Unternehmen ebenfalls in die Auswahl aufgenommen.

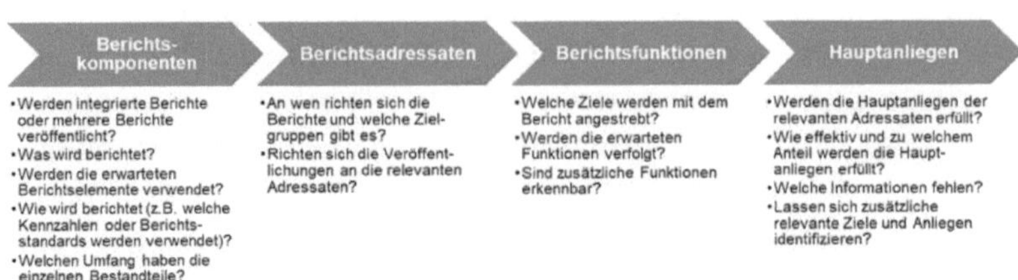

Abbildung 5: Vorgehensweise der Datenanalyse und Forschungsfragen

Die Berichte wurden systematisch in vier Kategorien untersucht (siehe **Fehler! Verweisquelle konnte nicht gefunden werden.**). Im ersten Schritt erfolgten die Identifikation der Anzahl der Berichte, sofern nicht ein einziger integrierter Bericht vorlag, und deren Bestandteile. Hierbei wurden die in Kapitel 2.2 hergeleiteten Berichtskomponenten herangezogen und um die Rubriken Leistungsmessung sowie Finanzübersicht/Kennzahlen ergänzt, um den in der Auswahl identifizierten Bestandteilen Rechnung zu tragen. Außerdem wurde die Kategorie Planung/Vision/Ziele hinzugefügt, um die Bedeutung dieser Dimension zu unterstreichen und gesondert auszuwerten. Im Anschluss erfolgte die Überprüfung, ob die aus den Überlegungen in Kapitel 2.3 hervorgegangen Berichtsadressaten identifiziert werden können. Es folgte eine Einschätzung der intendierten Berichtsfunktionen – unter Rückgriff auf Kapitel 2.2 – und im letzten Schritt wurde ermittelt, inwieweit die Hauptanliegen der Adressaten (siehe **Fehler! Verweisquelle konnte nicht gefunden werden.** in Kapitel 2.3.) mit den vorliegenden Veröffentlichungen hinreichend erfüllt werden. Eine Übersicht der Berichtsquellen und detaillierte Analysen finden sich in Anhang 1 und Anhang 2.

4.2 Identifizierte Problemfelder und Mängel der untersuchten Berichte

Ergebnisübersicht	BD		CC		DHH		E		EDB		EWS		OC		VCA		W	
Bestandteile		Seiten		Seiten		Seiten		Seiten		Seiten		Seiten		Seiten		Seiten		Seiten
Anzahl Berichte	2	80	1	23	1	49	1	2	1	52	2	197	3	144	1	36	2	60
Wirkungsmessung	Nein		Ja	11%	Ja	29%	Nein		Nein*		Nein		Ja*	3%	Nein		Ja*	8%
Leistungsmessung	Ja	3%	Ja	4%	Ja	4%	Ja	15%	Ja*	6%	Ja		Ja	1%	Ja*	18%	Ja*	8%
Risikobericht	Ja	1%	Nein		Ja*	4%	Nein		Nein		Ja	4%	Ja	2%	Nein		Ja	2%
Dokumentation	Ja	61%	Ja	59%	Ja	43%	Ja*	50%	Ja	75%	Ja	14%	Ja	22%	Ja	58%	Ja	27%
Planung/Vision/Ziele	Ja*	1%	Ja		Ja*	5%	Nein		Ja*	2%	Ja		Ja*	1%	Nein*		Ja*	
Jahresabschluss	Ja	21%	Nein		Nein		Nein		Nein		Ja	75%	Ja	53%	Nein		Ja	35%
Finanzübersicht/Kennzahlen	Ja		Nein		Ja*	4%	Ja	35%	Ja	8%	Ja		Ja		Ja	13%	Ja	5%
Wesentliche Berichtsfunktionen																		
Entscheidungsunterstützung	Ja		Nein		Nein		Nein		Ja		Ja		Ja		Nein		Ja	
Legitimation	Ja		Ja		Ja		Ja		Ja		Ja		Ja		Ja		Ja	
Reputation	Ja		Ja		Ja		Nein		Ja		Ja		Ja		Ja		Ja	
Vertragsgestaltung	Ja		Nein		Nein		Nein		Nein		Ja		Ja		Nein		Nein	
Anspruchsbemessung	Ja		Nein		Nein		Nein		Nein		Ja		Ja		Nein		Nein	
Rechenschaft	Ja		Ja		Ja		Ja		Ja		Ja		Ja		Ja		Ja	
Berichtsadressaten																		
Kapitalgeber	Ja		Nein		Ja		Nein		Ja		Ja		Ja		Nein*		Ja	
Kunden / Begünstigte	Ja		Ja		Ja		Ja		Nein		Ja		Nein		Ja		Ja	
Politische Entscheidungsträger	Ja		Ja		Ja		Nein		Ja		Ja		Ja		Ja		Ja	
Nachahmer	Ja		Nein		Ja		Nein		Ja		Ja		Ja		Nein		Ja	
Öffentlichkeit	Ja		Ja		Ja		Ja		Ja		Ja		Ja		Ja		Ja	
Hauptanliegen erfüllt																		
Kapitalgeber	3				2				2		3		3				3	
Kunden/Begünstigte	3		3		4		1				2				2		4	
Politische Entscheidungsträger	3		3		4				2		3		3		2		4	
Nachahmer	2				2				1		3		3				3	
Öffentlichkeit	2		3		3		1		2		2		3		2		3	
Einfacher Mittelwert	2,6		3,0		3,0		1,0		1,8		2,6		3,0		2,0		3,4	

*Mit Einschränkungen, siehe Anhang 2   0 = Gar nicht, 1 = Rudimentär, 2 = Teilweise, 3 = Überwiegend, 4 = Vollständig

Tabelle 7: Ergebnisübersicht der analysierten Unternehmensberichte[215]

---

[215] Detailergebnisse und Erläuterungen siehe Anhang 2.

Die Untersuchung hat gezeigt, dass die analysierten Unternehmen weder einem allgemeingültigen Standard bei der Erstellung ihrer Unternehmensberichte folgen noch eine einheitliche Herangehensweise zugrunde legen (siehe **Fehler! Verweisquelle konnte nicht gefunden werden.**). Viele Berichte sind lückenhaft hinsichtlich einer klaren Mission mit messbaren Indikatoren und einer Planung. Die tatsächliche Leistungskapazität bleibt im Unklaren. In der Folge leiden die analysierten Veröffentlichungen unter fehlender Vergleichbarkeit und einem Mangel an Transparenz. Im Ergebnis lässt sich kein uneingeschränkt idealtypischer Ansatz erkennen, der ausnahmslos Vorbildcharakter hätte und allen in dieser Untersuchung als wesentlich erachteten Anspruchsgruppen gerecht werden könnte. Vielmehr scheinen die analysierten Unternehmen individuell auf die ihnen zur Verfügung stehenden und als sinnvoll erachteten Berichtselemente zurückzugreifen, um den Ansprüchen ihrer Adressaten gerecht zu werden. Diesbezüglich sind Parallelen zu den unter Kapitel 3.2 erwähnten Studienergebnissen von MOLECKE/ PINKSE erkennbar (*Bricolage*).[216] Inwieweit dieses Vorgehen individuelle Vorteile für die Anwender bedeutet oder auf fehlende Expertise bzw. Umsetzungskompetenz und Ressourcenengpässe zurückzuführen ist, lässt sich anhand der vorliegenden Ergebnisse nicht beurteilen.

Obgleich die Berichte keine durchgehend gleichartigen Strukturen aufweisen, lassen sich Gemeinsamkeiten identifizieren. Es sind ausnahmslos in allen Berichten die Funktionen Legitimation und Rechenschaft erkennbar sowie mit einer Ausnahme (E) auch Reputation – hierfür findet i.W. die qualitative Beschreibung der Tätigkeiten Anwendung. Konsequenterweise ist in sämtlichen Berichten ein Bezug zur Zielgruppe Öffentlichkeit erkennbar. E ausgenommen richten sich alle Berichte zusätzlich an politische Entscheidungsträger. Sieben Veröffentlichungen wenden sich an die Kunden. Bei EDB und OC ist dies nicht der Fall. Hier stehen Kapitalgeber im Vordergrund und weniger die Zielgruppe der Begünstigten. Nachahmer und insbesondere Kapitalgeber stehen überraschenderweise lediglich bei sechs der untersuchten neun Berichte im Mittelpunkt. Des Weiteren stehen bei sechs Berichten die Dokumentation der eigenen Tätigkeit und die Darstellung des Unternehmens im Vordergrund – eine bedeutende Rolle spielen sie in allen Veröffentlichungen. Das Leistungspotential, konkrete Ziele und eine finanzielle Planung sind nur bei wenigen Veröffentlichungen klar erkennbar (CC, EWS) – bei

---

[216] Vgl. *MOLECKE/PINKSE*, Accountability (2017), S. 551 und Kapitel 3.2.

BP, DHH, EDB, OC und W lediglich teilweise und rudimentär, bei E und VCA im Prinzip gar nicht.

Zwei der analysierten Berichte (DHH, W) sind nach dem SRS aufgebaut, BP und W verweisen auf die Initiative Transparente Zivilgesellschaft. DHH und W sind die einzigen Unternehmen, die auf die Wirkungslogik bzw. die Wirkungskette eingehen und diese verbal und graphisch darstellen. Allein vier Organisationen (CC, DHH, OC, W) präsentieren ihre Wirkungen überhaupt in irgendeiner Art und Weise und bilden nicht lediglich ihre eingesetzten Ressourcen und erbrachten Leistungen ab – EDB plant eine Studie zur Wirkungsbestimmung. Dahingegen berichten alle betrachteten Social Entrepreneure über ihre Leistungen und stellen diese qualitativ und mit (individuellen) Kennzahlen dar, wobei EDB, VCA und W lediglich die Leistungen ihrer Einzelprojekte veröffentlichen und keine Gesamtübersicht. Eine Übersicht und Kategorisierung der z.T. kontextabhängig verwendeten Kennzahlen und Indikatoren zeigt **Fehler! Verweisquelle konnte nicht gefunden werden..**

Ausgewählte Kennzahlen der untersuchten Berichte (R = Ressourceneinsatz, EL = Ergebnis/Leistung, Wi = Wirkung, So = Sonstiges)

Indikatoren des Ressourceneinsatzes	Ergebniskennzahlen/Leistungsindikatoren	Wirkungsindikatoren
Investitionen in das soziale Projekt (R)	Spendensumme (EL)	Anteil Investitionen in armen Regionen (EL,Wi)
Projektvolumen (R)	Anzahl Spender (EL)	Anzahl Newsletter-Abonnenten (EL,Wi)
Zeitlicher Aufwand/Pro-Bono-Beratung (R)	Genossenschaftsmitglieder (EL)	YouTube Klicks (EL,Wi)
Anzahl der Mitarbeiter (R,EL)	Betreute Patienten (EL)	Anzahl vertretener Länder (Wi)
	Anzahl Sehtests (EL)	Anzahl Partnerorganisationen (Wi)
Finanzielle Kennzahlen/Indikatoren	Anzahl betreuter Familien (EL)	Bestandsdauer der Projekte (Wi)
Umsatz (EL)	Anzahl Beratungsgespräche (EL)	Einkommenssteigerung der Zielgruppe (Wi)
Personalaufwand (R)	Anzahl Betreuungsstunden (EL)	Stromverbrauch der Kunden (Wi)
Sachmittelaufwand (R)	Anzahl finanzierter Bäume (EL)	Eingesparte CO2-Menge (Wi)
Bilanzgewinn (EL)	Anzahl errichteter Brunnen (EL)	Anzahl Strom-/Gaskunden (Wi)
Jahresergebnis (EL)	Anzahl Veröffentlichungen (EL)	Anzahl Netzanschlüsse Strom/Gas (Wi)
Cashflow (EL)	Anzahl erstellter Flyer (EL)	Menschen mit Zugang zu Trinkwasser (Wi)
Rentabilitätskennzahlen (EL)	Anzahl unterstützter Projekte (EL)	
Dividendenentwicklung (EL)	Anzahl Veranstaltungen (EL)	**Sonstige Indikatoren**
	Erreichte Menschen zu sozialen Themen (EL)	ESG Scorecard (So)
	Anzahl Teilnehmer an Veranstaltungen (EL,Wi)	Projektfinanzierungsportfolio (So)
	Anzahl erreichter Menschen (EL,Wi)	CO2-Ausstoß (So)
	Leistungseinheiten (kWh, Kaffee, Brillen) (EL,Wi)	Erhaltene Auszeichnungen (So)

Tabelle 8: Ausgewählte Kennzahlen der untersuchten Berichte

Ein unternehmensübergreifender, leistungsbasierter Vergleich gelingt nicht und Kennzahlen wie der SROI kommen in keinem der Berichte zur Anwendung. Sofern ein Jahresabschluss erstellt und auf der unternehmenseigenen Webseite veröffentlicht wird, ist dieser stets Bestandteil eines separaten Berichts. Grundlegende Informationen zur finanziellen Lage werden ggf. im Wirkungs- oder Jahresbericht veröffentlicht. Lediglich CC verzichtet auf eine ausführliche Darstellung der Mittelverwendung und -herkunft. In der Folge eignen sich, ungeachtet der Unternehmensform, einzig die Veröffentlichungen von BP, EWS und OC ohne weiteres zur Anspruchsbemessung und Vertragsgestaltung (W präsentiert keinen Gesamtabschluss).

Über die komplette Stichprobe hinweg scheinen die Berichte vorzugsweise die Ansprüche der politischen Entscheidungsträger und der Kunden zu erfüllen, sofern diese angesprochen werden. Dasselbe gilt auch für Kapitalgeber. Für andere Social Entrepreneure und Nachahmer sind die Unternehmensberichte hingegen nur bedingt geeignet, sodass nicht zu vermuten ist, dass die veröffentlichten Informationen für die Replizierung zweckmäßig sind. Hierdurch und aufgrund der oftmals fehlenden Darstellung der Wirkungen scheint die Wirkungsreichweite in sämtlichen Berichten von untergeordneter Bedeutung zu sein.

Schlussendlich wird W seinen Anspruchsgruppen am ehesten gerecht. Zum einen richten sich diese Berichte an alle in dieser Arbeit als wesentlich identifizierten Interessengruppen und das Unternehmen ist bemüht seine Wirkungen und die Wirkungslogik transparent zu machen. Daneben versucht W mit der Anwendung des SRS eine Vergleichbarkeit herzustellen. Ähnlich verhält es sich mit DHH, wobei hier die finanziellen Informationen nicht ausreichen, um einem Investor hinreichend Entscheidungsunterstützung zu liefern.

	Wirkungsmessung	Jahresabschluss	Risikobericht	Dokumentation
Beobachtungen	- Wirkungsmessung findet kaum Anwendung - Keine Kennzahlen wie bspw. SROI - Wirkungskette wird vernachlässigt - Keine eindeutige Abgrenzung von Leistung, Brutto- und Nettowirkung - Vision, Mission und eindeutige Ziele fehlen	- Klassischer Jahresabschlussbericht fehlt regelmäßig - Keine oder rudimentäre Integration in den Wirkungs-/Geschäftsbericht - Separater Bericht - Keine Planung	- Selten oder rudimentär vorhanden - Als Teil des (handelsrechtlichen) Jahresabschlusses im Lagebericht	- I.d.R. umfassende Dokumentation der Tätigkeiten und Projekte - Oft emotionale Gestaltung (anhand von Bildern, persönlichen Geschichten) - Erscheint als das Kernstück der untersuchten Berichte - Planung und Ziele fehlen - Leistungsfähigkeit fehlt
Identifizierte Problemfelder	- **Leistungsmessung** - Konstrukt soziale Wirkung - **Wirkungsmessung** - Fehlende Messmethoden - Darstellung der Wirkungskette/-logik - **Fehlende Transparenz** - **Planung, Ziele und messbare Vision/Mission**	- **Vernachlässigung des kommerziellen Erfolgs** - Adressaten mit unterschiedlichen Ansprüchen und ungleichem betriebswirtschaftlichen Verständnis - **Kein einheitlicher Berichtsstandard** - Fehlende Transparenz	- **Adressaten mit unterschiedlichem Interessenfokus** - Kein einheitlicher Berichtsstandard	- **Fehlende Vergleichbarkeit der Tätigkeiten und sozialen Mission** - Vision/Mission fehlt - Zusammenfassender Überblick bereits innerhalb eines Unternehmens schwierig - Fehlende Transparenz - **Leistungsfähigkeit**
Verwendete (Lösungs-)Ansätze	- Leistungsmessung statt Wirkungsmessung mit individuellen Kennzahlen und Indikatoren - Z.T. Wirkungsbericht und Wirkungslogik nach SRS - Individuelle Projektsicht	- Keine Veröffentlichung - Rudimentäre Kennzahlen im Bericht - Separater Jahresabschlussbericht - Traditionelle Finanzkennzahlen	- Verbale Beschreibung der Risiken im Lagebericht - Verbaler Risikoteil im Rahmen des SRS	- I.d.R. umfassende Tätigkeitsbeschreibung - Projektbeschreibung - Darstellung des Unternehmens und der handelnden Personen - Auszeichnungen

Tabelle 9: Identifizierte Problemfelder und Lösungsansätze in der Unternehmensberichterstattung

Das Ergebnis dieser Untersuchung ist die fundierte Erarbeitung bestehender Problemfelder einer zielgruppengerechten Unternehmensberichterstattung (siehe **Fehler! Verweisquelle konnte nicht gefunden werden.**). Diese sind im Einzelnen (1) die systematische Identifikation der relevanten Adressaten, (2) die Wirkungsmessung und -logik, (3) die Darstellung der Leistung und des kommerziellen Erfolgs und (4) der Leistungsfähigkeit inkl. Planung und konkreter (messbarer) Ziele sowie (5) ein fehlender Berichtsstandard als Orientierungsrahmen zwecks (6) Transparenz über die Aktivitäten der Organisation und (7) Vergleichbarkeit zwischen den Unternehmen.[217] Aus den identifizierten Problemfeldern werden in Kapitel 5 entsprechende Herausforderungen und Empfehlungen abgeleitet.

---

[217] Siehe auch **Fehler! Verweisquelle konnte nicht gefunden werden.** in Kapitel 5.

5 Ansatzpunkte und Empfehlungen für eine zielgruppengerechte Berichterstattung

Die in der theoretischen Forschung und bisherigen Studien geäußerten Herausforderungen des Berichtswesens und der Wirkungsmessung konnten anhand der herausgearbeiteten Unzulänglichkeiten überprüft werden. Obgleich diese Untersuchung keine statistisch repräsentative Erhebung darstellt, können qualitative Forschungsansätze der Erklärung und auch der Generalisierung dienen.[218] Der hier verwendete Ansatz zielt auf die Untersuchung und Darstellung der Charakteristika der externen Unternehmensberichterstattung im Social Entrepreneurship. Die Verallgemeinerung der Ergebnisse erscheint diffizil, aber die untersuchten Berichte können als aufschlussreiche Beispiele für die Veröffentlichungen in Deutschland tätiger Social Entrepreneure im Rahmen der dieser Arbeit zugrunde liegenden Definition (Grundgesamtheit) betrachtet werden.[219] In jedem Fall dient diese Analyse der *Illustration* und *Überprüfung der Theorie*.[220] Die in Kapitel 3 aufgezeigten Herausforderungen konnten bespielhaft überprüft und bestätigt werden. Ferner sind die Ergebnisse mit denen anderer Studien von NICHOLLS und MOLECKE/PINKSE vergleichbar.[221] Dies gibt Grund zur Vermutung, dass die Ergebnisse aus anderen Ländern auf Deutschland teilweise übertragen werden können. EISENHARDT/GRAEBNER weisen darauf hin, dass der Mehrwert von Fallstudien zur Erklärung eines Phänomens, ähnlich einem Laborexperiment, gerade in der Wiederholung und gleichen Resultaten liegt.[222]

Aufgrund des gleichermaßen explorativen Charakters der Untersuchung wurden zudem Problemfelder und im Folgenden Empfehlungen abgeleitet. Die Forschungsfrage hinsichtlich der Herausforderungen der Unternehmensberichterstattung im Social Entrepreneurship kann damit in dem hier gesetzten Rahmen beantwortet werden. Einschränkend ist zu berücksichtigen, dass es sich um eine subjektive Einschätzung der untersuchten Berichte handelt und eine Verallgemeinerung prinzipiell mit Vorsicht zu betrachten ist. Es erfolgte u.a. keine Unterscheidung hinsichtlich des Alters oder der Größe der Unternehmen, ihrer Tätig-

---

[218] Vgl. *OSWALD*, Qualitativ forschen (1997), S. 73.

[219] Vgl. *MERKENS*, Stichproben (1997), S. 97-100.

[220] Vgl. *SIGGELKOW*, Persuasion (2007), S. 21-23 und *YIN*, Research (2003), S. 15.

[221] Siehe Kapitel 3.2.

[222] Vgl. *EISENHARDT/GRAEBNER*, Cases (2007), S.25.

keitsfelder, der wesentlichen Finanzierungsquellen, der verwendeten Technologien oder des Wettbewerbsumfelds. Andererseits liegt ein nicht unbedeutender Vorteil der qualitativen Forschung gerade in der Subjektivität, die bei derartigen Studien – im Gegensatz zu empirischen Untersuchungen – mit einer besonderen Nähe zu den analysierten Daten einhergeht.[223] Des Weiteren erfolgte die Untersuchung nicht im theorieleeren Raum, sondern im Kontext des zuvor abgesteckten theoretischen Rahmens.

Es fällt auf, wie uneinheitlich berichtet wird und wie schwierig sich die soziale Wirkungsmessung für alle untersuchten Organisationen darstellt. Dies ist insofern bemerkenswert, als dass im Gegensatz zu Wohltätigkeitsorganisationen eine größere Nähe zu traditionellen Geschäftsmodellen und damit einhergehenden Berichtskonzepten zu erwarten war. Infolgedessen lässt sich konstatieren, dass die Perspektive des Social Entrepreneurs eine nicht unwesentliche Rolle bei der Formulierung eines Berichtskonzepts einnehmen sollte, um dem innovativen Geschäftsmodell und den damit einhergehenden Herausforderungen bei der sozialen Wirkungsmessung Rechnung zu tragen. Zugleich sind im Rahmen der Berichtspflichten die spezifischen Motivationskomponenten der handelnden Personen unter Berücksichtigung der Stewardship-Theorie zu beachten. Andererseits erscheint es empfehlenswert, dem Bereich der Leistungs- und Wirkungsmessung mehr Aufmerksamkeit zu widmen. Dies gilt gleichermaßen für die Messung des kommerziellen Erfolgs und der hiermit einhergehenden Erstellung bzw. Veröffentlichung eines Jahresabschlusses. Die beob-achtete Vorgehensweise, den Jahresabschluss als separaten Bericht zu veröffentlichen, erscheint durchaus sinnvoll vor dem Hintergrund, dass damit den ggf. bestehenden rechtlichen Vorschriften entsprochen werden kann. Außerdem sind die finanziellen Details nicht für alle Interessenten gleichermaßen in demselben Umfang relevant. Dies betrifft ebenfalls darüberhinausgehende Nachweise, die für steuerliche Zwecke und die Anerkennung der Gemeinnützigkeit oder die Mittelverwendung notwendig sind. Hierfür ist ferner die Anschlussfähigkeit gängiger Kennzahlen für Vergleichsportale (siehe FN 115) zu beachten. In jedem Fall sollte der Jahresabschluss auf der unternehmenseigenen Webseite frei zugänglich und nach anerkannten Rechnungslegungsstandards wie HGB oder IFRS aufgestellt sein, um einem potentiellen Investor die Lesbarkeit und Verständlichkeit zu erleichtern. Auf diese Weise kann

---

[223] Vgl. *EISENHARDT/GRAEBNER*, Cases (2007), S.25.

dem Gedanken reduzierter Kosten der Informationssuche sowie vertrauensbildender Maßnahmen und des Kontrollaspekts im Zusammenhang mit der Prinzipal-Agenten-Theorie tendenziell besser Rechnung getragen werden. Ähnlich den Gepflogenheiten kommerzieller Unternehmen erscheint es angebracht, in einem Geschäftsbericht die wesentlichen finanziellen Kennzahlen zu kommunizieren. Diese sollten mit Tätigkeitsnachweisen, einer Dokumentation der Projekte der abgelaufenen Berichtsperiode und einem Wirkungs- sowie Risikobericht angereichert werden.

Im Social Entrepreneurship sollte das eigentliche Ziel, die soziale Mission oder Vision, klar beschrieben werden. Der soziale Kontext entbindet den Berichterstattenden nicht davon, Indikatoren für die Messung der Zielerreichung zu definieren. Hierbei lassen sich grundsätzlich Sach- und Formalziele unterscheiden.[224] Formalziele beschreiben die finanzielle Dimension (z.B. Umsatz oder Gewinn) und Sachziele die operative Ebene (z.B. Art und Qualität der angebotenen Güter und Dienstleistungen). Im Gegensatz zum gewinnorientierten Unternehmen kehrt sich die Zielhierarchie um. Die soziale Mission steht als wesentliches Sachziel im Vordergrund.[225]

Neben dieser Zielklarheit sollte die Risikodimension ein wesentlicher Baustein des Berichtswesens sein. Da Kapitalgeber und andere Anspruchsgruppen ihre persönliche Risiko-Rendite-Präferenz in der Entscheidungsfindung zugrunde legen, benötigen sie ausreichend Informationen über die mit einer Investition verbundenen Unwägbarkeiten.[226] Das umfasst die Art des Risikos sowie eine Einschätzung hinsichtlich der Eintrittswahrscheinlichkeit und des Ausmaßes sowie der Kontrollmaßnahmen. Das unternehmensspezifische Risiko beinhaltet die Person des Social Entrepreneurs (Qualifikation, Erfahrung, Motivation etc.), die (fehlerhafte) Einschätzung der dem Geschäftsmodell zugrunde liegende Wirkungskette sowie operative Risiken (z.B. Liquidität, Personalstrukturen und -qualität, Prozesse etc.).[227] Daneben sind externe Unsicherheitsfaktoren in Betracht zu ziehen.

In deutlicher Abgrenzung zu Wohltätigkeitsunternehmen würde sich dem Social En-trepreneur durch eine adressatengerechte Wirkungs- und Erfolgsmessung ein

---

224 Vgl. hierzu und im Folgenden *WÖHE*, Einführung (2002), S. 99.
225 Vgl. *ACHLEITNER/BASSEN/RODER*, Framework (2009), S. 5 f.
226 Vgl. *ACHLEITNER/BASSEN/RODER*, Framework (2009), S. 6.
227 Vgl. *ACHLEITNER/BASSEN/RODER*, Framework (2009), S. 13.

Wettbewerbsvorteil eröffnen. Den könnte dieser zur besseren Finanzierung und Skalierung seines Wirkungskreises nutzen. Letztlich dient die Wirkungsmessung nicht nur der internen Wirkungsoptimierung, sondern kann den Anwender auch vor überzogenen Erwartungen der Anspruchsgruppen schützen. Diesbezüglich ist zusätzlich die Darstellung der Leistungsfähigkeit und korrespondierenden Unternehmensplanung empfehlenswert. Dies erlaubt dem Informationsnutzer ex ante eine Einschätzung der zukünftigen Rendite sowie der möglichen Sach- und Formalzielerreichung.

Um den Anspruchsgruppen gerecht zu werden und diese im Sinne des Social Enterprises zu beeinflussen, bietet es sich an, diese und deren Interessen im Vorfeld zu identifizieren. Die passenden Berichtskomponenten sind anschließend auszuwählen und zu berücksichtigen. Eine alle Anspruchsgruppen gleichermaßen ansprechende Berichtsform erscheint unrealistisch. Es ist sinnvoll, die Interessen der strategisch wichtigen Berichtsadressaten in den Vordergrund zu stellen. Dies kann nur individuell aus dem Blickwinkel des Social Entrepreneurs geschehen, sodass ein standardisiertes Berichtskonzept ausreichend Möglichkeiten der Fokussierung erlauben sollte.

Problemfelder	Empfehlungen
Anspruchsgruppen	Systematische Identifikation relevanter Anspruchsgruppen und deren Interessen sowie Berichtsbedarfe, Fokus auf strategisch wichtige Adressaten
Soziale Wirkung	Leistungs- und Wirkungsmessung, soziale Wirkungskette, verbale Beschreibung, einheitliche Kennzahlen z.B. pro Branche, ggf. SROI, Darstellung der Risiken
Kommerzieller Erfolg	Separater Jahresabschlussbericht (z.B. IFRS, HGB), Integration traditioneller finanzieller Kennzahlen in den Wirkungs-/Geschäftsbericht, Darstellung der Risiken
Leistungskapazität	Vision, Mission, Ziele, Messbarkeit, Planung, Darstellung der Organisation und ihrer Fähigkeiten
Berichtsstandard	Social Reporting Standard, ggf. Identifikation relevanter Konzepte im anglo-amerikanischen Raum, die sich international durchsetzen könnten, Perspektive des Social Entrepreneurs berücksichtigen und Faktoren wie Branche, Größe, Leistungsportfolio, Technologie etc.
Transparenz	Berichtsstandard, Übersichtlichkeit, Stetigkeit, Gesamtübersicht und integrierte Projektdokumentation, zeitnahe Veröffentlichung auf der unternehmenseigenen Webseite
Vergleichbarkeit	Projekte innerhalb eines Berichtes konsistent darstellen (Gestaltung, Struktur, Kennzahlen), Kennzahlen pro Wirkungsfeld oder Branche definieren, Berichtsstandards, -formate und -regeln schaffen, Stetigkeit in der Darstellung, Entwicklungen darstellen (z.B. Vorperiode, Plan, Branchendurchschnitt/-vergleich), Anschlussfähigkeit für Vergleichsportale berücksichtigen

Tabelle 10: Problemfelder und Empfehlungen

Der Leitfaden des SRS bietet eine sinnvolle Grundlage für die Berichterstattung. In jedem Fall ist es zweckdienlich, über die unterschiedlichen Tätigkeiten und Projekte eines Unternehmens in einer standardisierten Form zu berichten. Darüber hinaus bietet es sich an, für die Gesamtbeurteilung der Organisation eine zusammenfassende Übersicht mit zentralen Kennzahlen aufzubereiten. Separate, nicht integrierte Projektdokumentationen zumal mit ggf. abweichenden Leistungs- oder Wirkungskennzahlen erschweren die Bewertung unnötig.

Ein einheitlicher Berichtsstandard mit einer überzeugenden Wirkungsmessung würde den in den Kapiteln 2.2 und 3.2 beschriebenen Fokus auf die Berichtsfunktionen Legitimation, Rechenschaft und Reputation unterstützen. Zugleich könnten Transparenz und Vergleichbarkeit verbessert werden, wodurch der Wettbewerbsdruck zunehmen dürfte. Im Sinne der neoinstitutionellen Theorie könnten diese Berichte die Informationsasymmetrie sowohl in einer vor- als auch in einer nachvertraglichen Situation reduzieren und Transaktionskosten der Finanzierung zu beiderseitigem Vorteil senken. **Fehler! Verweisquelle konnte nicht gefunden werden.** zeigt einen zusammenfassenden Überblick der Empfehlungen.

6 Herausforderungen der externen Berichterstattung und Ausblick

Die theoretische Untersuchung zur externen Unternehmensberichterstattung basierend auf den Überlegungen des neoinstitutionellen Gedankengebäudes zu Transaktionskosten und der Prinzipal-Agenten-Beziehung hat – mit dem teilweise geringeren Risiko des moralischen Hasardspiels und der Bedeutung der Stewardship-Theorie – in Teilen zu anderen Voraussetzungen und Schwerpunkten der Berichterstattung im Social Entrepreneurship im Vergleich zu kommerziellen Unternehmen geführt.

Im Kontext der charakteristischen Anspruchsgruppen – Kapitalgeber, Kunden, Politik, Nachahmer, Öffentlichkeit – und deren Erwartungen konnten inhaltlich z.T. abweichende Schwerpunkte und Funktionen verortet werden. Zu den Berichtsfunktionen zählen die allgemeine Informationsfunktion sowie Entscheidungsunterstützung, Legitimation, Reputation, Rechenschaft, Anspruchsbemessung und Vertragsgestaltung, aus denen sich wiederum spezifische Berichtsbestandteile und unterschiedliche Kernpunkte ergeben. Abweichend zu Wohltätigkeitsunternehmen wurden – von herkömmlichen Spendern abgesehen – neben den unterschiedlichen Kapitalgebern auch die Nachahmer als spezifische Interessengruppen identifiziert. Hinsichtlich der Kapitalgeber sind deren unterschiedlichen Zieldimensionen relevant. So stehen im Social Entrepreneurship neben traditionellen Kapitalgebern insb. auch solche im Fokus, die einen besonderen Wert auf die soziale Rendite bei gleichzeitig adäquater finanzieller Rendite legen. Für diese Investoren stellen gewöhnliche Wohltätigkeitsunternehmen oder klassische kommerzielle Unternehmen keine Alternative dar.

Die Funktionen der Legitimation, der Reputation und der Entscheidungsunterstützung sind im Social Entrepreneurship von herausragender Bedeutung. Dies führt im Vergleich zu Wohltätigkeitsorganisationen zu einer besonderen Betonung der (sozialen) Wirkungsmessung, der (finanziellen) Erfolgsmessung und des Leistungspotentials. Methodische Probleme der Wirkungsmessung, unterschiedliche Geschäftsmodelle und Tätigkeitsbereiche sowie fehlende Berichtsstandards als Orientierungshilfe stellen das Berichtswesen darüber hinaus vor zusätzliche Schwierigkeiten.

Die erkennbaren Herausforderungen sind zum einen die vage Konzeption des Konstrukts soziale Wirkung und die fehlenden Messmethoden bzw. methodischen Mängel sowie zum anderen die unterschiedliche Anforderungen der Anspruchsgruppen. Erschwerend ist außerdem die Verschiedenartigkeit der sozialen Missionen und Tätigkeiten zu sehen, was die Anwendung eines allgemeinen Berichtsstandards erschwert.

Die qualitative Analyse ausgewählter Unternehmensberichte konnte die in früheren Studien ermittelten Problemfelder z.T. bestätigen. Hierzu gehören die Identifikation und Interessen der Anspruchsgruppen, die soziale Wirkungsmessung, die separate Darstellung des kommerziellen Erfolgs, die Leistungskapazität, der fehlende einheitliche Berichtsstandard als Orientierungsrahmen, Transparenz und Vergleichbarkeit.

Zusammenfassend sind daher folgende Empfehlungen für die externe Unternehmensberichterstattung im Social Entrepreneurship auszusprechen. Hierzu gehören die systematische Identifikation der Anspruchsgruppen und ihrer Interessen, die transparente Darstellung der sozialen und kommerziellen Wirkung unter Verwendung etablierter, vergleichbarer Kennzahlen im Rahmen eines einheitlichen Berichtsstandards sowie die klare Kommunikation der Vision und der (messbaren) (Plan-) Ziele, damit die Leistungskapazität und -fähigkeit erkennbar werden.

Weiterer Forschungsbedarf wird dahingehend identifiziert, dass die tatsächlichen Erwartungen der Anspruchsgruppen hinsichtlich der Funktionen und Bestandteile der Berichtslegung ungeklärt sind und in dieser Untersuchung vor allem normativ festgelegt wurden. Ebenso wurden die Adressaten aufgrund fehlender empirischer Studien theoretisch-konzeptionell bestimmt. Empirische Untersuchungen könnten zudem weitere Überzeugungsarbeit auf der Ebene des Social Entrepreneurs leisten und die Notwendigkeit eines standardisierten Berichtswesens präsenter machen. Zugleich fehlt es an einer statistisch repräsentativen Untersuchung externer Unternehmensberichte in Deutschland. Wenn Entwicklungen, Trends und Konzepte aus dem anglo-amerikanischen Raum zukünftig in Deutschland übernommen werden sollten, wären auch internationale Studien für den in Deutschland tätigen Unternehmer relevant. Dies gilt insbesondere, wenn sich ein globaler sozialer Kapitalmarkt mit eigener Börse und Marktregeln herausbilden sollte. Ebenfalls interessant wären in diesem Zusammenhang Studien über die Erfolgswirkung bestimmter Berichtskonzepte. Da-rüber hinaus könnte eine Untersuchung der Beweggründe für die verwendeten Berichtskonzepte Ansatzpunkte für eine einheitlichere Gestaltung liefern und Klarheit darüber bringen, ob lediglich fehlende Expertise bzw. Umsetzungskompetenz und Ressourcenengpässe Grund für die identifizierten Mängel sind.

Es ist davon auszugehen, dass das Konzept des Social Entrepreneurship in Deutschland weiter an Bedeutung gewinnen wird – nicht zuletzt, weil alle Unternehmen im sozialen Sektor auf ausreichende Finanzmittel angewiesen sind, um den zunehmenden gesellschaftlichen und ökologischen Problemen bei gleichzeitig geringer werdender staatlicher Unterstützung zu begegnen. Mit steigender Akzeptanz und ggf. höheren Finanzierungsvolumen für Social Enterprises werden auch herkömmliche gemeinnützige Unternehmen unter Druck geraten, ihr Berichtswesen zielgruppengerecht zu adjustieren. Für eine bessere (finanzielle) Mittelausstattung werden sie einen stärkeren Fokus auf die Wirkungs- und Leistungsmessung sowie ihre Leistungskapazitäten legen.

Die Unterschiede innerhalb des Dritten Sektors – mit der Differenzierung zwischen Wohltätigkeitsorganisation und Social Enterprise – dürften dann unbedeutender werden. Die Berichte werden sich einander angleichen. Es ist zu vermuten, dass sich Wohltätigkeitsorganisationen, aufgrund der Bedeutung der Mittelbeschaffung und der damit einhergehenden Notwendigkeit der Leistungs- und Wirkungsmessung, stärker an dem Social Entrepreneur orientieren als umgekehrt. Der Dritte Sektor wäre dann unabhängiger vom Staat und einzelnen Geldgebern. Überdies würden sich mit den vielfältigeren Finanzierungsmöglichkeiten und -quellen das Wachstumspotential und die Möglichkeiten der Skalierung verbessern.[228]

---

[228] Vgl. *ELKINGTON/HARTIGAN*, People (2008), S. 43.

Literaturverzeichnis

Achleitner, A.-K., Bassen, A., Roder, B. (Framework): An integrative framework for reporting in social entrepreneurship, 2009, elektronisch abrufbar unter http://moyster.com/c/hub/wp-content/uploads/2015/06/SSRN-id1325700.pdf [Stand: 22.10.2017].

Achleitner, A.-K., Bassen, A., Roder, B., Lütjens, L. (Standard): Ein Reporting Standard für Social Entrepreneurs, in: Ökologisches Wirtschaften, 2009, Heft 4, S. 30-34.

Achleitner, A.-K., Heister, P. Stahl, E. (Überblick): Social entrepreneurship – ein Überblick, in: Achleitner, A.-K., Pöllath, R., Stahl, E. (Hrsg.), Finanzierung von Sozialunternehmern. Konzepte zur finanziellen Unterstützung von Social Entrepreneurs, Stuttgart 2007, S. 3-25.

Achleitner, A.-K., Pöllath, R., Stahl, E. (Hrsg.) (Finanzierung): Finanzierung von Sozialunternehmern. Konzepte zur finanziellen Unterstützung von Social Entrepreneurs, Stuttgart 2007.

Achleitner, A.-K., Spiess-Knafl, W., Volk, S. (Finanzierung): Finanzierung von Social Enterprises – Neue Herausforderungen für die Finanzmärkte, in: Hackenberg, H., Empter, S. (Hrsg.), Social Entrepreneurship – Social Business: Für die Gesellschaft unternehmen, Wiesbaden 2011, S. 269-286.

Alberg-Seberich, M., Wolf, A. (Philanthropy): Venture Philanthropy – Wenn zwei Welten sich treffen, in: Hackenberg, H., Empter, S. (Hrsg.), Social Entrepreneurship – Social Business: Für die Gesellschaft unternehmen, Wiesbaden 2011, S. 287-300.

Arthurs, J. D., Busenitz, L. W. (Boundaries): The Boundaries and Limitations of Agency Theory and Stewardship Theory in the Venture Capitalist/Entrepreneur Relationship, in: Entrepreneurship Theory and Practice, Winter 2003, S. 145-162.

Arvidson, M., Lyon, F. (Impact): Social Impact Measurement and Non-profit Organisations: Compliance, Resistance, and Promotion, in: Voluntas, 25. Jg. (2014), Heft 4, S. 869-886.

Ashoka (Definition), 2015, elektronisch abrufbar unter http://germany.ashoka.org/häufig-gestellte-fragen-zu-ashoka [Stand: 18.10.2017].

Auerswald, P. (Social Value): Creating Social Value, in: Stanford Social Innovation Review, Frühjahr 2009, S. 50-55.

Austin, J., Stevenson, H., Wei-Skillern, J. (Entrepreneurship): Social and Commercial Entrepreneurship: Same, Different, or Both?, in: Entrepreneurship Theory and Practice, 30. Jg. (2006), Heft 1, S. 1-22.

Balgar, K. (Verortung): Zur ‚Verortung' von Social Entrepreneurship, in: Jähnke, P., Christmann, G. B., Balgar, K. (Hrsg.), Social Entrepreneurship. Perspektiven für die Raumentwicklung, Wiesbaden 2011, S. 87-100.

Barnett, M. L., Salomon, R. M. (Really Good): Does it pay to be really good? Addressing the shape of the relationship between social and financial performance, in: Barnett, M. L./Pollock, T. G. (Hrsg.), Corporate Reputation, London/New York 2015, S. 81-105.

Barraket, J., Yousefpour, N. (Evaluation): Evaluation and Social Impact Measurement Amongst Small to Medium Social Enterprises: Process, Purpose and Value, Australian Journal of Public Administration, 72 Jg. (2013), Heft 4, 447-458.

Bassen, A. (Erfolgsmessung): Erfolgsmessung und Reporting von Sozialunternehmen, in: Achleitner, A.-K., Pöllath, R., Stahl, E. (Hrsg.), Finanzierung von Sozialunternehmern. Konzepte zur finanziellen Unterstützung von Social Entrepreneurs, Stuttgart 2007, S. 230-238.

Bacq, S., Janssen, F. (Review): The multiple faces of social entrepreneurship: A review of definitional issues based on geographical and thematic criteria, in: Entrepreneurship & Regional Development, 23. Jg. (2011), Heft 5–6, S. 373-403.

Baxter, P., Jack, S. (Methodology): Qualitative Case Study Methodology: Study Design and Implementation for Novice Researchers, in: The Qualitative Report, 13. Jg. (2008), Heft 4, S. 544-559.

Beckmann, M. (Kapitalismus): Social Entrepreneurship – Altes Phänomen, neues Paradigma moderner Gesellschaften oder Vorbote eines Kapitalismus 2.0?, in: Hackenberg, H., Empter, S. (Hrsg.), Social Entrepreneurship – Social Business. Für die Gesellschaft unternehmen, Wiesbaden 2011, S. 67-85.

Bielefeld, W. (Issues): Issues in Social Enterprise and Social Entrepreneurship, in: Journal of Public Affairs Education, 15. Jg. (2009), Heft 1, S. 69-86.

Birkhölzer, K. (Perspektiven): Internationale Perspektiven sozialen Unternehmertums, in: Jähnke, P., Christmann, G. B., Balgar, K. (Hrsg.), Social Entrepreneurship. Perspektiven für die Raumentwicklung, Wiesbaden 2011, S. 23-36.

Bloom, G. M. (SE Lab): The Social Entrepreneurship Collaboratory (SE Lab): A University Incubator for a Rising Generation of Social Entrepreneurs, in: Nicholls, A. (Hrsg.), Social Entrepreneurship. New Models of Sustainable Social Change, Oxford/New York 2006, S. 270-306.

Bornstein, D. (Welt): Die Welt verändern. Social Entrepreneurs und die Kraft neuer Ideen, 3. Aufl., Stuttgart 2009.

Boschee, J. (Perils): Social Entrepreneurship: The Promise and the Perils, in: Nicholls, A. (Hrsg.), Social Entrepreneurship. New Models of Sustainable Social Change, Oxford/New York 2006, S. 356-390.

Boschee, J., McClurg, J. (Understanding): Toward a better understanding of social entrepreneurship: Some important distinctions, 2003, elektronisch abrufbar unter
http://www.academia.edu/download/28028593/testtrtr.pdf [Stand: 21.10.2017].

Buzinde, C., Shockley, G., Andereck, E. D., Dee, E., Frank, P. (Theorizing): Theorizing Social Entrepreneurship Within Tourism Studies, in: Sheldon, P. J., Daniele, R. (Hrsg.), Social Entrepreneurship and Tourism: Philosophy and Practice, Cham 2017, S. 21-34.

Candler, G., Dumont, G. (Framework): A non-profit accountability framework, in: Canadian Public Administration, 53. Jg. (2010), Heft 2, S. 259-279.

Carman, J. G. (Accountability): Nonprofits, Funders, and Evaluation: Accountability in Action, in: The American Review of Public Administration, 39 Jg. (2009), Heft 4, S. 374-390.

Casson, M. (Entrepreneur): The Entrepreneur – An Economic Theory, Oxford 1982.

Clark, C., Rosenzweig, W., Long, D., Olsen, S. (Impact): Double Bottom Line Project Report: Assessing Social Impact In Double Bottom Line Ventures, 2004, elektronisch abrufbar unter
https://escholarship.org/uc/item/80n4f1mf [Stand: 28.10.2017].

Coenenberg, A. G., Haller, A., Mattner, G., Schultze, W. (Rechnungswesen): Einführung in das Rechnungswesen, 6. Aufl., Stuttgart 2016.

Coenenberg, A. G., Haller, A., Schultze, W. (Jahresabschluss): Jahresabschluss und Jahresabschlussanalyse, 23. Aufl., Stuttgart 2014.

Coy, D., Fischer, M., Gordon, T. (Accountability): Public accountability: a new paradigm for college and university annual reports, in: Critical Perspectives on Accounting, 12. Jg. (2001), Heft 1, S. 1-31.

Danko, A., Brunner, C., Kraus, S. (Overview): Social Entrepreneurship – An Overview of the Current State of Research, in: European Journal of Management, 11. Jg. (2011), Heft 1, S. 82-91.

Davis, J. H., Schoorman, F. D., Donaldson, L. (Stewardship): Toward a Stewardship Theory of Management, in: Academy of Management Review, 22. Jg. (1997), Heft 1, S. 20-47.

Day, J., Mody, M. (Typologies): Social Entrepreneurship Typologies and Tourism: Conceptual Frameworks, in: Sheldon, P. J., Daniele, R. (Hrsg.), Social Entrepreneurship and Tourism: Philosophy and Practice, Cham 2017, S. 57-80.

Dees, J. G. (Meaning): The meaning of social entrepreneurship, 2001, elektronisch abrufbar unter https://centers.fuqua.duke.edu/case/wp-content/uploads/sites/7/2015/03/Article_Dees_MeaningofSocialEntrepreneurship_2001.pdf [Stand 04.01.2018].

Dees, J. G., Anderson, B. B. (Framing): Framing a Theory of Social Entrepreneurship: Building on two Schools of Practice and Thought, in: Research on Social Entrepreneurship, 1. Jg. (2006), Heft 3, S. 39-66.

Dowling, G. R. (Images): Managing Your Corporate Images, in: Industrial Marketing Management, 15. Jg. (1986), Heft 2, S. 109-115.

Dowling, G. R. (Asset): Developing Your Company Image into a Corporate Asset, in: Long Range Planning, 26. Jg. (1993), Heft 2, S. 101-109.

Dredge, D. (Support): Institutional and Policy Support for Tourism Social Entrepreneurship, in: Sheldon, P. J., Daniele, R. (Hrsg.), Social Entrepreneurship and Tourism: Philosophy and Practice, Cham 2017, S. 35-55.

Drucker, P. F. (Innovation): Innovation and Entrepreneurship. Practice and Principles, London 1985.

Eierle, B., Ritzer-Angerer, P. (Vertrauen): Externe Unternehmensberichterstattung und Vertrauen, in: Eckert, S., Trautnitz, G. (Hrsg.), Internationales Management und die Grundlagen des globalisierten Kapitalismus, Wiesbaden 2016, S. 543-560.

Eisenhardt, K. M. (Theories): Building Theories from Case Study Research, in: Academy of Management Review, 14. Jg. (1989), Heft 4, S. 532-550.

Eisenhardt, K. M., Graebner, M. E. (Cases): Theory Building from Cases: Opportunities and Challenges, in: Academy of Management Journal, 50. Jg. (2007), Heft 1, S. 25-32.

El Ebrashi, R. (Social Impact): Social entrepreneurship theory and sustainable social impact, in: Social Responsibility Journal, 9 Jg. (2013), Heft 2, S. 188-209.

Elkington, J., Hartigan, P. (People): The Power of Unreasonable People: How Social Entrepreneurs Create Markets That Change the World, Boston 2008.

Evers, A. (Capital): The significance of social capital in the multiple goal and resource structure of social enterprises, in: Borzaga, C., Defourny, J. (Hrsg.), The Emergence of Social Enterprises, London/New York 2001, S. 296-311.

Faltin, G. (Kopf): Kopf schlägt Kapital: Die ganz andere Art, ein Unternehmen zu gründen. Von der Lust, ein Entrepreneur zu sein, München 2008.

Faltin, G. (Kapital): Wir sind das Kapital: Erkenne den Entrepreneur in Dir. Aufbruch in eine intelligentere Ökonomie, Hamburg 2015.

Fombrun, C. J., Gardberg, N. A., Sever, J. M. (Reputation): The Reputation Quotient[SM]: A multi-stakeholder measure of corporate reputation, in: The Journal of Brand Management, 7. Jg. (2000), Heft 4, S. 241-255.

Freeman, R. E. (Theory): The Politics of Stakeholder Theory: Some Future Directions, in: Business Ethics Quarterly, 4. Jg. (1994), Heft 4, S. 409-421.

Freeman, R. E. (Approach): Strategic Management: A Stakeholder Approach, Cambridge 2010.

Freiling, J. (Entrepreneurship): Entrepreneurship: Theoretische Grundlagen und unternehmerische Praxis, München 2006.

Gardberg, N. A., Fombrun, C. J. (Reputation): The Global Reputation Quotient Project: First Steps towards a Cross-Nationally Valid Measure of Corporate Reputation, in: Corporate Reputation Review, 4. Jg. (2002), Heft 4, S. 303-307.

Gerbaulet, D. (Reputator): Der Unternehmer als Reputator, Tübingen 2016.

Hall, R. (Intangible Resources): The strategic analysis of intangible resources, in: Barnett, M. L./Pollock, T. G. (Hrsg.), Corporate Reputation, London/New York 2015, S. 106-120.

Hartigan, P. (Market): Delivering on the Promise of Social Entrepreneurship: Challenges Faced in Launching a Global Social Capital Market, in: Nicholls, A. (Hrsg.), Social Entrepreneurship. New Models of Sustainable Social Change, Oxford/New York 2006, S. 329-355.

Hébert, R. F., Link, A. N. (Entrepreneurship): A History of Entrepreneurship, London/New York 2009.

Heister, P. (Finanzierung): Finanzierung von Social Entrepreneurship durch Venture Philanthropy und Social Venture Capital. Auswahlprozess und -kriterien der Finanzintermediäre, Wiesbaden 2010.

Hering, Th. (Unternehmensbewertung): Unternehmensbewertung, 3. Aufl., München 2014.

Hering, Th. (Investitionstheorie): Investitionstheorie, 5. Aufl., Berlin/Boston 2017.

Hering, Th., Vincenti, A. J. F. (Unternehmensgründung): Unternehmensgründung, München/Wien 2005.

Horak, C. (Controlling): Controlling in Nonprofit-Organisationen, Einflussfaktoren und Instrumente, 2. Aufl., Wiesbaden 1995.

Jähnke, P., Christmann, G. B., Balgar, K. (Einführung): Zur Einführung: Social Entrepreneurship und Raumentwicklung, in: Jähnke, P., Christmann, G. B., Balgar, K. (Hrsg.), Social Entrepreneurship. Perspektiven für die Raumentwicklung, Wiesbaden 2011, S. 7-19.

Kanter, R. M., Summers, D. V. (Doing Well): Doing Well While Doing Good: Dilemmas of Performance Measurement in Nonprofit Organizations and the Need for a Multiple-Constituency Approach, in: Powell, W. W. (Hrsg.), The Nonprofit Sector: A Research Handbook, New Haven 1987, S. 154-166.

Kaplan, R. S., Norton, D. P. (Strategy): The execution premium: Linking strategy to operations for competitive advantage, Boston 2008.

Kim Alter, S. (Models): Social Enterprise Models and Their Mission and Money Relationships, in: Nicholls, A. (Hrsg.), Social Entrepreneurship. New Models of Sustainable Social Change, Oxford/New York 2006, S. 205-232.

Kirzner, I. M. (Entrepreneurship): Competition and Entrepreneurship, Chicago/London 1973.

Knight, F. H. (Risk): Risk, Uncertainty and Profit, Chicago/London 1971.

Kochan, Th. A., Rubinstein, S. A. (Stakeholder): Toward a Stakeholder Theory of the Firm: The Saturn Partnership, in: Organization Science, 11. Jg. (2000), Heft 4, S. 367-386.

Kormaier, B. (Unternehmensberichterstattung): Externe Unternehmensberichterstattung nicht kapitalmarktorientierter Unternehmen, Ableitung von Vorschlägen zur konzeptionellen Ausgestaltung einer differenzierten Rechnungslegung, München 2008.

Kraus, M., Stegarescu, D. (Non-Profit): Non-Profit-Organisationen in Deutschland: Ansatzpunkte für eine Reform des Wohlfahrtsstaates, in: ZEW-Dokumentation, Nr. 05-02, 2005.

Küpper, H.-J. (Controlling): Controlling. Konzeption, Aufgaben und Instrumente, 3. Aufl., Stuttgart 2001.

Küting, K., Reuter, M. (Bilanzierung): Bilanzierung im Spannungsfeld unterschiedlicher Adressaten, in: Datenverarbeitung Steuer Wirtschaft Recht, 2004, Heft 9, S. 230-233.

Leppert, Th. (Social Entrepreneurship): Social Entrepreneurship in Deutschland. Einflussfaktoren auf den Gründungsprozess von Social Entrepreneurs, Hamburg 2013.

MacAskill, W. (Altruismus): Gutes besser tun, Wie wir mit effektivem Altruismus die Welt verändern können, Berlin 2016.

Maier, F., Schober, C., Simsa, R., Millner, R. (SROI): SROI as a Method for Evaluation Research: Understanding Merits and Limitations, in: Voluntas, 26. Jg. (2015), 1805-1830.

Mair, J., Marti, I. (Research): Social entrepreneurship research: A source of explanation, prediction, and delight, in: Journal of World Business, 41. Jg. (2006), Heft 1, S. 36-44.

Mark, K. (Kreditfinanzierung): Theoretische Aspekte der Kreditfinanzierung, in: Achleitner, A.-K., Pöllath, R., Stahl, E. (Hrsg.), Finanzierung von Sozialunternehmern. Konzepte zur finanziellen Unterstützung von Social Entrepreneurs, Stuttgart 2007, S. 81-98.

Marshall, R. S. (Social Entrepreneur): Conceptualizing the International For-Profit Social Entrepreneur, in: Journal of Business Ethics, 98 Jg. (2011), Heft 2, S. 183-198.

Martin, M., John, R. (Philanthropy): Venture Philanthropy in Europa, in: Achleitner, A.-K., Pöllath, R., Stahl, E. (Hrsg.), Finanzierung von Sozialunternehmern. Konzepte zur finanziellen Unterstützung von Social Entrepreneurs, Stuttgart 2007, S. 34-43.

Martin, R., Osberg, S. (Social Entrepreneurship): Social entrepreneurship: The case for definition, in: Stanford Social Innovation Review, Frühjahr 2007, S. 28-39.

Mercator (Handlungsempfehlungen): Handlungsempfehlungen für Politik, Wissenschaft, Wirtschaft und Sozialunternehmer, Essen 2012, elektronisch abrufbar unter https://www.stiftung-merca-tor.de/media/downloads/3_Publikationen/Social_Enterpreneurship_Handlungsempfehlungen.pdf [Stand: 04.11.2017].

Merkens, H. (Stichproben): Stichproben bei qualitativen Studien, in: Friebertshäuser, B., Prengel, A. (Hrsg.), Handbuch Qualitative Forschungsmethoden in der Erziehungswissenschaft, Weinheim/München 1997, S. 97-106.

Meyskens, M, Carsrud, A. L., Cardozo, R. N. (Role): The symbiosis of entities in the social engagement network: The role of social ventures, in: Entrepreneurship & Regional Development, 22. Jg. (2010), Heft 5, S. 425-455.

Mitchell, R. K., Agle, B. R., Wood, D. J. (Identification): Toward a Theory of Stakeholder Identification and Salience: Defining the Principle of Who and What really counts, in: Academy of Management Review, 22. Jg. (1997), Heft 4, S. 853-886.

Molecke, G., Pinkse, J. (Accountability): Accountability for social impact: A bricolage perspective on impact measurement in social enterprises, in: Journal of Business Venturing, 32. Jg. (2017), Heft 5, S. 550-568.

Münscher, R., Schober, C. (Wegweiser): Welches Interesse verfolgen Organisationen mit einer Wirkungsanalyse ihres sozialen Engagements? – Ein Wegweiser, in: Schober, C., Then, V. (Hrsg.), Praxishandbuch Social Return on Investment. Wirkungen sozialer Investitionen messen, Stuttgart 2015, S. 23-40.

Münscher, R., Then, V., Kehl, K. (Verwendungsmöglichkeiten): Wofür sind soziale Wirkungsanalysen hilfreich? Ein Überblick der Verwendungsmöglichkeiten für Ergebnisse von SROI-Analysen, in: Schober, C., Then, V. (Hrsg.), Praxishandbuch Social Return on Investment. Wirkungen sozialer Investitionen messen, Stuttgart 2015, S. 161-172.

Nicholls, A. (Introduction): Introduction, in: Nicholls, A. (Hrsg.), Social Entrepreneurship. New Models of Sustainable Social Change, Oxford/New York 2006, S. 1-35.

Nicholls, A. (Value): 'We do good things, don't we?': 'Blended Value Accounting' in social entrepreneurship, in: Accounting, Organizations and Society, 34. Jg. (2009), Heft 6, S. 755-769.

Nicholls, A. (Reporting): Institutionalizing social entrepreneurship in regulatory space: Reporting and disclosure by community interest companies, in: Accounting, Organizations and Society, 35. Jg. (2010), Heft 4, S. 394-415.

Nicholls, A., Cho, A. H. (Structuration): Social Entrepreneurship: The Structuration of a Field, in: Nicholls, A. (Hrsg.), Social Entrepreneurship. New Models of Sustainable Social Change, Oxford/New York 2006, S. 99-118.

Oder, B. (Eigentümerkontrolle): Eigentümerkontrolle in der KGaA, in: Albach, H. (Hrsg.), Organisation. Mikroökonomische Theorie und ihre Anwendungen, Wiesbaden 1989, S. 261-287.

Oswald, H. (Qualitativ forschen): Was heißt qualitativ forschen?, in: Frieberts-häuser, B., Prengel, A. (Hrsg.), Handbuch Qualitative Forschungsmethoden in der Erziehungswissenschaft, Weinheim/München 1997, S. 71-87.

Pelzmann, L. (Vertrauen): Vertrauen in Geschäftsbeziehungen, in: Held, M., Kubon-Gilke, G., Sturn, R. (Hrsg.), Jahrbuch Normative und institutionelle Grundfragen der Ökonomik, Band 4, Reputation und Vertrauen, Marburg 2005, S. 207-229.

Peredo, A. M., McLean, M. (Concept): Social Entrepreneurship: A critical review of the concept, in: Journal of World Business, 41. Jg. (2006), Heft1, S. 56-65.

Petersen, Th. (Delegationsproblem): Das Delegationsproblem zwischen Prinzipalen und Agenten, in: Albach, H. (Hrsg.), Organisation. Mikroökonomische Theorie und ihre Anwendungen, Wiesbaden 1989, S. 109-131.

Pfnür, A., Glock, C. (Transaktionskosten): Optimierung von Transaktionskosten öffentlicher Immobilieninvestitionen: Ein Thesenpapier, in: Arbeitspapiere zur immobilienwirtschaftlichen Forschung und Praxis, Band 13, Darmstadt 2009.

Picot, A., Dietl, H. (Transaktionskostentheorie): Transaktionskostentheorie, in: WiSt Wirtschaftswissenschaftliches Studium, 19. Jg. (1990), Heft 4, S. 178-184.

Picot, A., Dietl, H., Franck, E., Fiedler, M., Royer, S. (Organisation): Organisation. Theorie und Praxis aus ökonomischer Sicht, 7. Aufl., Stuttgart 2015.

Piketty, Th. (Kapital): Das Kapital im 21. Jahrhundert, München 2014.

Porter, M. E., Kramer, M. R. (Value): The big idea: Creating Shared Value, in: Harvard Business Review, 89. Jg. (2011), Heft 1, S. 1-17.

Rahman, M., Hussain, M. (Reporting): Social business, accountability, and performance reporting, in: Humanomics, 28. Jg. (2012), Heft 2, S. 118-132.

Rauscher, O., Mildenberger, G., Krlev, G. (Wirkungsmodell): Wie werden Wirkungen identifiziert? Das Wirkungsmodell, in: Schober, C., Then, V. (Hrsg.), Praxishandbuch Social Return on Investment. Wirkungen sozialer Investitionen messen, Stuttgart 2015, S. 41-57.

REDF (SROI): SROI Methodology: Analyzing the Value of Social Purpose Enterprise Within a Social Return on Investment Framework, 2001, elektronisch abrufbar unter https://redfworkshop.org/learn/sroi-methodology-2001/ [Stand: 29.12.2017].

Reichelt, D. (SROI): SROI – Social Return on Investment. Modellversuch zur Berechnung des gesellschaftlichen Mehrwerts, Hamburg 2009.

Richter, R., Furubotn, E. G. (Einführung): Neue Institutionenökonomik: Eine Einführung und kritische Würdigung, 3. Aufl., Tübingen 2003.

Roberts, D., Woods, C. (Shoestring): Changing the world on a shoestring: The concept of social entrepreneurship, in: University of Auckland Business Review, 7. Jg. (2005), Heft 1, S. 45-51.

Roder, B. (Reporting): Reporting im Social Entrepreneurship. Konzeption einer externen Unternehmensberichterstattung für soziale Unternehmer, Wiesbaden 2011.

Scheuerle, Th., Glänzel, G., Knust, R., Then, V. (Social Entrepreneurship): Social Entrepreneurship in Deutschland – Potentiale und Wachstumsproblematiken, Heidelberg 2013, elektronisch abrufbar unter http://archiv.ub.uni-heidel-berg.de/volltextserver/18736/1/Policy%20Paper_Sozialunternehmertum_2012.pdf [Stand: 03.11.2017].

Schneider, D. (Unternehmer): Der Unternehmer – eine Leerstelle in der Theorie der Unternehmung?, in: Albach, H., Jost, P.-J. (Hrsg.), Theorie der Unternehmung (ZfB-Ergänzungsheft), 2001, Heft 4, S. 1-19.

Schober, C., Then, V. (Einleitung): Was ist eine SROI-Analyse? Wie verhält sie sich zu anderen Analyseformen? Warum sind Wirkungen zentral? Eine Einleitung, in: Schober, C., Then, V. (Hrsg.), Praxishandbuch Social Return on Investment. Wirkungen sozialer Investitionen messen, Stuttgart 2015, S. 1-22.

Schumpeter, J. A. (Unternehmer): Der Unternehmer, in: Elster, L., Weber, A., Wieser, F. (Hrsg.), Handwörterbuch der Staatswissenschaften, Band 8, 4. Aufl. Jena 1928, S. 476-487.

Schwingenstein, M. (Sozialunternehmer): Der Sozialunternehmer. Kulturwissenschaftliche Analyse einer Leitfigur postmaterieller Ökonomie, München 2013.

Sheldon, P. J., Pollock, A., Daniele, R. (Tourism): Social Entrepreneurship and Tourism: Setting the Stage, in: Sheldon, P. J., Daniele, R. (Hrsg.), Social Entrepreneurship and Tourism: Philosophy and Practice, Cham 2017, S. 1-18.

Siggelkow, N. (Persuasion): Persuasion with Case Studies, in: Academy of Management Journal, 50. Jg. (2007), Heft 1, S. 20-24.

Smith, A. (Wealth): Inquiry into the Nature and Causes of the Wealth of Nations, Edinburgh 1827, elektronisch abrufbar unter: http://www.econlib.org/library/Smith/smWN13.html#IV.2.9 [Stand: 03.10.2017].

Spiegel, P. (Business): Social Impact Business – Soziale und ökologische Probleme unternehmerisch lösen, in: Hackenberg, H., Empter, S. (Hrsg.), Social Entrepreneurship – Social Business: Für die Gesellschaft unternehmen, Wiesbaden 2011, S. 133-146.

Spiess-Knafl, W. (Finanzierung): Finanzierung von Sozialunternehmen. Eine theoretische und empirische Analyse, Dissertation, Technische Universität München 2012.

SRI (Leitfaden): SRS - Social Reporting Standard, Leitfaden zur wirkungsorientierten Berichterstattung, 2014, elektronisch abrufbar unter http://www.social-reporting-standard.de/fileadmin/redaktion/downloads/SRS_Leitfaden_2014_DE.pdf [Stand: 28.10.2017].

SRI (Aufbau), 2017, elektronisch abrufbar unter http://www.social-reporting-standard.de/srs-leitfaden/aufbau/ [Stand: 28.10.2017].

SRI (Entstehung), 2017, elektronisch abrufbar unter http://www.social-reporting-standard.de/sri-ev/faq/ [Stand: 28.10.2017].

Stahl, E. (Capital): Socially Responsible Venture Capital, traditionelles Venture Capital und Stiftungen, in: Achleitner, A.-K., Pöllath, R., Stahl, E. (Hrsg.), Finanzierung von Sozialunternehmern. Konzepte zur finanziellen Unterstützung von Social Entrepreneurs, Stuttgart 2007, S. 3-25.

Steinberg, R. (Nonprofit): Economic Theories of Nonprofit Organizations, in: Powell, W. W., Steinberg, R. (Hrsg.), The nonprofit sector: a research handbook, New Haven 2006, S. 117-139.

Stevenson, H. H. (Entrepreneurship): A Perspective on Entrepreneurship, in: Harvard Business School Working Paper #9-384-131, 1983.

Thompson, J., MacMillan, I. (Business models): Business models: Creating New Markets and Societal Wealth, in: Long Range Planning, 43. Jg. (2010), Heft 2, S. 291-307.

Unterberg, M., Richter, D., Jahnke, Th., Spiess-Knafl, W., Sänger, R., Förster, N. (Gründung): Herausforderungen bei der Gründung und Skalierung von Sozialunternehmen. Welche Rahmenbedingungen benötigen Social Entrepreneurs?, Hamburg 2015.

Van Slyke, D. M. (Stewards): Agents or Stewards: Using Theory to Understand the Government-Nonprofit Social Service Contracting Relationship, in: Journal of Public Administration Research and Theory, 17. Jg. (2007), Heft 2, S. 157-187.

Wagenhofer, A., Ewert, R. (Unternehmensrechnung): Externe Unternehmensrechnung, 3. Aufl., Berlin/Heidelberg 2015.

Welge, M., Eulerich, M. (Unternehmensführung): Corporate-Governance-Management. Theorie und Praxis der guten Unternehmensführung, 2. Aufl., Wiesbaden 2014.

Williamson, O. E. (Capitalism): The Economic Institutions of Capitalism. Firms, Market, Relational Contracting, New York 1985.

Wiseman, R. M., Cuevas-Rodríguez, G., Gomez-Mejia, L. R. (Agency): Towards a Social Theory of Agency, in: Journal of Management Studies, 49 Jg. (2012), Heft 1, S. 202-222.

Wittmann, W. (Unternehmung): Unternehmung und unvollkommene Information, Köln 1959.

Wöhe, G. (Einführung): Einführung in die Allgemeine Betriebswirtschaftslehre, 21. Aufl., München 2002.

Yin, R. K. (Research): Case Study Research. Design and Methods, 3. Aufl., Thousand Oaks, 2003.

Yunus, M. (Solution): Social Business Entrepreneurs Are the Solution, in: Nicholls, A. (Hrsg.), Social Entrepreneurship. New Models of Sustainable Social Change, Oxford/New York 2006, S. 39-44.

Anhang

Anhang 1: Übersicht der untersuchten Berichte und deren Quellen

Unternehmen	Untersuchte Berichte	Berichts-jahr	Quelle	Abruf
betterplace.org (gut.org gAG) [BP]	- Jahresbericht - Geschäftsbericht/ Jahresabschluss	2016	https://www.betterplace.org/c/medien/files/2017/07/gut-org-jahresbericht-2016.pdf#page=1 https://www.betterplace.org/c/medien/files/2017/07/gut-org-geschaeftsbericht-2016.pdf#page=1	04.11.2017 04.11.2017
Coffee Circle (Circle Products GmbH) [CC]	- Wirkungsbericht	2016	https://www.coffeecircle.com/de/e/projekt-kriterien	04.11.2017
Dialoghaus Hamburg [DHH]	- Wirkungsbericht	2016	https://dialog-in-hamburg.de/wp-content/uploads/2017/08/Dialoghaus_Hamburg_Wirkungsbericht_2016_Web.pdf	09.11.2017
Ecosia [E]	- Finanzbericht	08/2017	http://documents.ecosia.org/467540/12104754	04.11.2017
EinDollarBrille [EDB]	- Jahresbericht	2016	https://www.eindollarbrille.de/assets/content-images/About_Us/EinDollarBrille_Jahresbericht_2016_Web.pdf	04.11.2017
EWS Elektrizitätswerke Schönau [EWS]	- Geschäftsbericht - Konzernabschluss	2016	https://www.ews-schoenau.de/export/sites/ews/ews/genossenschaft/.files/geschaeftsbericht-2016-ews-eg.pdf https://www.ews-schoenau.de/export/sites/ews/ews/genossenschaft/.files/konzernabschluss-2016-ews-eg.pdf	04.11.2017 04.11.2017
Oikocredit (Oikocredit Ecumenical Development Cooperative Society U.A.) [OC]	- Jahresbericht - Annual Report - Wirkungsbericht	2016	https://www.oikocredit.de/ueber-uns/publikationen/jahresbericht https://www.oikocredit.de/ueber-uns/publikationen/jahresbericht https://www.oikocredit.de/ueber-uns/publikationen/bericht-soziales-wirkungsmanagement	04.11.2017 04.11.2017 04.11.2017
Viva con Agua (Viva con Agua de Sankt Pauli e.V.) [VCA]	- Jahresbericht	2016	http://www.mynewsdesk.com/material/document/68426/download?resource_type=resource_document	04.11.2017
wellcome [W]	- Jahres-/Wirkungs-bericht - Jahresabschluss	2016	http://wellcome-online.de/ueber-uns/presse/downloads/wellcome_Jahresbericht_aktuell.pdf http://wellcome-online.de/ueber-uns/transparenz/transparente-mittelverwendung/pdf/wellcome_G_V_Bilanz_2016.pdf	04.11.2017 04.11.2017

Anhang 2: Detailanalysen der untersuchten Unternehmensberichte

betterplace.org [BP]

Coffee Circle [CC]

Dialoghaus Hamburg [DHH]

Ecosia [E]

EinDollarBrille [EDB]

EWS Elektrizitätswerke Schönau [EWS]

Oikocredit [OC]

Viva con Agua [VCA]

wellcome [W]

betterplace.org (gut.org)

Bestandteile		Umfang (Seitenanzahl)	Anteil
Anzahl Berichte	2	24 + 56 = 80	100%
Wirkungsmessung	Nein		
Leistungsmessung	Ja	2	3%
Risikobericht	Ja	1	1%
Dokumentation	Ja	49	61%
Planung/Vision/Ziele	Ja, teilweise	1	1%
Jahresabschluss	Ja	17	21%
Finanzübersicht/Kennzahlen	Ja	Jahresabschluss	
Wesentliche Berichtsfunktionen			
Entscheidungsunterstützung	Ja		
Legitimation	Ja		
Reputation	Ja		
Vertragsgestaltung	Ja		
Anspruchsbemessung	Ja		
Rechenschaft	Ja		
Berichtsadressaten		**Hauptanliegen erfüllt**	
Kapitalgeber	Ja	3	
Kunden/Begünstigte	Ja	3	
Politische Entscheidungsträger	Ja	3	
Nachahmer	Ja	2	
Öffentlichkeit	Ja	2	

0 = Gar nicht, 1 = Rudimentär, 2 = Teilweise, 3 = Überwiegend, 4 = Vollständig

BP berichtet als Teil der gut.org gAG gemeinsam mit den Projekten betterplace lab und betterplace Solutions. Die gut.org gAG veröffentlicht einen Geschäftsbericht mit ihrem Jahresabschluss und einen separaten Jahresbericht, in dem die Unternehmensstruktur und Aktivitäten dokumentiert sowie Mitarbeiter und Beteiligte vorgestellt werden. Mit zahlreichen Fotos und plakativen Darstellungen ausgewählter Kennzahlen richtet sich dieser Bericht insbesondere an Kunden, die allgemeine Öffentlichkeit und politische Entscheidungsträger sowie (ehrenamtliche) Mitarbeiter. In diesem Berichtsteil wird außerdem auf die Initiative Transparente Zivilgesellschaft verwiesen und die Vision sowie die Mission der gut.org gAG vorgestellt.

Der Jahresabschluss besteht aus Bilanz, GuV, Anhang, Lagebericht, Kapitalflussrechnung und Prüfungsvermerk. Chancen und Risiken sowie ein grober Ausblick auf das nächste Geschäftsjahr erfolgen im Rahmen des Lageberichts. Dieser Bericht wendet sich vor allem an Kapitalgeber und enthält Informationen, die von Nachahmern verwendet werden können.

Konkrete Planungen, Ziele oder eine Wirkungsmessung bzw. Darstellung der Wirkungslogik fehlen in beiden Berichten, weshalb in keiner Kategorie die Hauptanliegen der Berichtsadressaten vollständig erfüllt werden. Der Jahresabschluss enthält die üblichen Finanzkennzahlen. Darüber hinaus werden individuelle Leistungskennzahlen im Jahresbericht veröffentlicht (z.B. eingeworbene Spendensumme über das Portal, Anzahl gelistete Projekte, Spender, Vorträge und Teilnehmer etc.).

Coffee Circle

Bestandteile			Umfang (Seitenanzahl)	Anteil
Anzahl Berichte	1		23	100%
Wirkungsmessung	Ja		2,5	11%
Leistungsmessung	Ja		1	4%
Risikobericht	Nein			
Dokumentation	Ja		13,5	59%
Planung/Vision/Ziele	Ja		Dokumentation	
Jahresabschluss	Nein			
Finanzübersicht/Kennzahlen	Nein			
Wesentliche Berichtsfunktionen				
Entscheidungsunterstützung	Nein			
Legitimation	Ja			
Reputation	Ja			
Vertragsgestaltung	Nein			
Anspruchsbemessung	Nein			
Rechenschaft	Ja			
Berichtsadressaten			Hauptanliegen erfüllt	
Kapitalgeber	Nein			
Kunden/Begünstigte	Ja		3	
Politische Entscheidungsträger	Ja		3	
Nachahmer	Nein			
Öffentlichkeit	Ja		3	

0 = Gar nicht, 1 = Rudimentär, 2 = Teilweise, 3 = Überwiegend, 4 = Vollständig

CC berichtet in Form eines Wirkungsberichts. Dieser stellt das Unternehmen und seine Wirkungsbereiche vor und verweist auf die Zertifizierung als B Corporation. Des Weiteren werden die Einkaufskriterien dargestellt und über Einkaufspreise im Vergleich zu anderen Nachhaltigkeitssiegeln berichtet. Im Rahmen einer sog. Impact-Abstufung berichtet CC über seine gesellschaftliche Wirkung auf Basis erreichter Kaffeefarmer bzw. Menschen und deren Einkommenssteigerung. Des Weiteren werden die durchgeführten Projekte mit Fotos, Kennzahlen und den Projektkriterien vorgestellt.

Mit dem Ausblick auf ein neues Projekt inkl. eines konkreten Wirkungsziels sowie des angestrebten Projektvolumens wird ein Ziel bis 2018 ausgegeben. Des Weiteren werden die Wirkungserfolge im Zeitverlauf dargestellt.

Insgesamt richtet sich dieser Bericht weniger an Kapitalgeber, sondern zuvorderst an die Kunden. Die Legitimation und Rechenschaft gegenüber den Kunden und der Öffentlichkeit sowie der Aufbau der Reputation stehen im Mittelpunkt. Ein Jahresabschluss oder ausgewählte Finanzkennzahlen, die auf den kommerziellen Erfolg des Unternehmens schließen lassen, fehlen komplett, sodass der Bericht für Gläubiger, Anteilseigner oder Nachahmer ungeeignet ist.

Die verwendeten Kennzahlen sind z.B. verkaufter Kaffee in kg, erzielte Klicks auf YouTube, Spendeneingänge aus Kaffeeverkauf, erreichte Menschen, Einkommenssteigerung der Begünstigten und Projektvolumen in EUR.

Dialoghaus Hamburg

Bestandteile		Umfang (Seitenanzahl)	Anteil
Anzahl Berichte	1	49	100%
Wirkungsmessung	Ja	14	29%
Leistungsmessung	Ja	2	4%
Risikobericht	Ja, rudimentär	2	4%
Dokumentation	Ja	21	43%
Planung/Vision/Ziele	Ja, aber keine Finanzplanung	2,5	5%
Jahresabschluss	Nein		
Finanzübersicht/Kennzahlen	Ja, rudimentär	2	4%
Wesentliche Berichtsfunktionen			
Entscheidungsunterstützung	Nein		
Legitimation	Ja		
Reputation	Ja		
Vertragsgestaltung	Nein		
Anspruchsbemessung	Nein		
Rechenschaft	Ja		
Berichtsadressaten		**Hauptanliegen erfüllt**	
Kapitalgeber	Ja	2	
Kunden/Begünstigte	Ja	4	
Politische Entscheidungsträger	Ja	4	
Nachahmer	Ja	2	
Öffentlichkeit	Ja	3	

0 = Gar nicht, 1 = Rudimentär, 2 = Teilweise, 3 = Überwiegend, 4 = Vollständig

DHH veröffentlicht einen Wirkungsbericht nach dem SRS. Dieser enthält eine Dokumentation der Tätigkeiten und Darstellung der Mission bzw. Vision des Unternehmens. Die Wirkungsmessung bildet einen Schwerpunkt des Berichts. Hierfür werden das Problem und der Lösungsansatz vorgestellt, die beabsichtigte Wirkung sowie die Wirkungslogik, wobei eine Unterteilung in Zielgruppe, Leistung und Wirkung erfolgt. Die Skalierung der Wirkung erfolgt durch die Dialogue Social Enterprise GmbH.

Die Rubrik Planung und Ziele beinhaltet weniger eine Finanzplanung als vielmehr Ziele und Herausforderungen des Unternehmens – jedoch ohne konkrete Zeitangaben. Die allgemeinen Chancen und Risiken werden grob dargelegt. Eine Veröffentlichung des Jahresabschlusses erfolgt nicht. Es wird lediglich eine verkürzte GuV gezeigt. Ein Vorjahresvergleich fehlt. Kapitalgeber scheinen nicht die wesentliche Zielgruppe darzustellen.

Im Rahmen der Wirkungs- und Leistungsmessung werden u.a. folgende messbare Kennzahlen verwendet: Anzahl Besucher, Anzahl Mitarbeiter und eingesetzte Ressourcen.

Ecosia

Bestandteile		Umfang (Seitenanzahl)	Anteil
Anzahl Berichte	1	2	100%
Wirkungsmessung	Nein		
Leistungsmessung	Ja	0,3	15%
Risikobericht	Nein		
Dokumentation	Ja, grobe Darstellung der Projekte	1	50%
Planung/Vision/Ziele	Nein		
Jahresabschluss	Nein		
Finanzübersicht/Kennzahlen	Ja	0,7	35%
Wesentliche Berichtsfunktionen			
Entscheidungsunterstützung	Nein		
Legitimation	Ja		
Reputation	Nein		
Vertragsgestaltung	Nein		
Anspruchsbemessung	Nein		
Rechenschaft	Ja		
Berichtsadressaten		**Hauptanliegen erfüllt**	
Kapitalgeber	Nein		
Kunden/Begünstigte	Ja	1	
Politische Entscheidungsträger	Nein		
Nachahmer	Nein		
Öffentlichkeit	Ja	1	

0 = Gar nicht, 1 = Rudimentär, 2 = Teilweise, 3 = Überwiegend, 4 = Vollständig

E veröffentlicht seine Berichte monatlich. Hierbei handelt es sich um einen groben Mittelverwendungsnachweis (Betriebskosten, Rücklagen, Werbung, Investitionen in Aufforstungsprojekte). Es werden die Projekte, die unterstützt werden, kurz dargestellt inkl. der jeweils allokierten Unterstützungssumme. Außerdem wird die Anzahl der insgesamt gepflanzten Bäume veröffentlicht.

Insgesamt erscheint der rudimentäre Bericht weniger auf Kapitalgeber, Nachahmer oder politische Entscheidungsträger zu zielen, sondern auf Kunden und die interessierte Öffentlichkeit. Die Legitimierung des eigenen Geschäftsmodells und Rechenschaft über die verwendeten Mittel stehen klar im Vordergrund. Die Informationen reichen jedoch nicht aus, die Anliegen der Adressaten annähernd zufriedenstellend zu erfüllen.

EinDollarBrille

Bestandteile		Umfang (Seitenanzahl)	Anteil
Anzahl Berichte	1	52	100%
Wirkungsmessung	Nein, aber Studie geplant		
Leistungsmessung	Ja, aber nur auf Einzelprojektebene	3	6%
Risikobericht	Nein		
Dokumentation	Ja	39	75%
Planung/Vision/Ziele	Ja, Ausblick, keine Finanzplanung	1	2%
Jahresabschluss	Nein		
Finanzübersicht/Kennzahlen	Ja	4	8%
Wesentliche Berichtsfunktionen			
Entscheidungsunterstützung	Ja		
Legitimation	Ja		
Reputation	Ja		
Vertragsgestaltung	Nein		
Anspruchsbemessung	Nein		
Rechenschaft	Ja		
Berichtsadressaten		Hauptanliegen erfüllt	
Kapitalgeber	Ja	2	
Kunden/Begünstigte	Nein		
Politische Entscheidungsträger	Ja	2	
Nachahmer	Ja	1	
Öffentlichkeit	Ja	2	

0 = Gar nicht, 1 = Rudimentär, 2 = Teilweise, 3 = Überwiegend, 4 = Vollständig

EDB veröffentlicht einen umfangreichen Jahresbericht mit einer ausführlichen Dokumentation der Projekte inkl. erreichter Meilensteine und individueller Kennzahlen. Es existieren keine Gesamtübersicht über die erzielten Leistungen, sondern nur Einzelprojektberichte. Eine Wirkungsmessung fehlt, ist jedoch in Zusammenarbeit mit der Universität Passau geplant. Risikobericht und Jahresabschluss werden nicht veröffentlicht. Es wird indes eine Finanzübersicht nach den Kriterien des DZI veröffentlicht. Die Planung erfolgt auf Basis eines Ausblicks in das kommende Jahr, jedoch ohne Finanzplanung und ohne klar umrissene Mission oder messbare Ziele.

Eine fundierte Finanzierungsentscheidung seitens der Kapitalgeber ist mit den Informationen nicht möglich. Ebenso erscheinen auch die Anliegen der übrigen Berichtsadressaten nur bedingt erfüllt. Insbesondere fehlen eine integrierte Gesamtübersicht der erzielten Wirkungen oder zumindest Leistungen sowie ein vollständiger Jahresabschluss inkl. Risikobericht und Unternehmensplanung.

Die verwendeten Kennzahlen umfassen z.B. die Anzahl hergestellter Brillengestelle, untersuchter Patienten, Sehtests, neuer Brillenträger, Verkaufsstätten, Mitarbeiter und verkaufter Brillen.

EWS Elektrizitätswerke Schönau

Bestandteile		Umfang (Seitenanzahl)	Anteil
Anzahl Berichte	2	112 + 85 = 197	100%
Wirkungsmessung	Nein		
Leistungsmessung	Ja	Jahresabschluss	
Risikobericht	Ja	8	4%
Dokumentation	Ja	27	14%
Planung/Vision/Ziele	Ja	Risikobericht	
Jahresabschluss	Ja	147	75%
Finanzübersicht/Kennzahlen	Ja	Jahresabschluss	
Wesentliche Berichtsfunktionen			
Entscheidungsunterstützung	Ja		
Legitimation	Ja		
Reputation	Ja		
Vertragsgestaltung	Ja		
Anspruchsbemessung	Ja		
Rechenschaft	Ja		
Berichtsadressaten		Hauptanliegen erfüllt	
Kapitalgeber	Ja	3	
Kunden/Begünstigte	Ja	2	
Politische Entscheidungsträger	Ja	3	
Nachahmer	Ja	3	
Öffentlichkeit	Ja	2	

0 = Gar nicht, 1 = Rudimentär, 2 = Teilweise, 3 = Überwiegend, 4 = Vollständig

EWS veröffentlicht mit dem Konzernabschluss und einem Geschäftsbericht zwei Berichte. Der Fokus liegt auf dem Jahresabschluss und seinen rechtlich vorgeschriebenen Bestandteilen. In der Folge lassen sich eine Vielzahl klassischer finanzieller Kennzahlen und solche über die Leistung finden. Eine explizite Wirkungsmessung findet hingegen nicht statt. Es werden lediglich neben der Anzahl der Genossenschaftsmitglieder und Kunden mit Strom-/Gasanschluss noch deren Verbrauch im Vergleich zum deutschen Durchschnitt und der Erzeugungsmix veröffentlicht sowie die erzeugte Strom- und Gasmenge. Des Weiteren wird über die eingesparte Menge an CO_2 und die erzielte Fördersumme für die Unterstützung von Projekten zur Energiewende berichtet.

Der Jahresabschluss beinhaltet auch einen Chancen- und Risikobericht sowie eine kurze Darstellung der finanziellen Ziele für das kommende Berichtsjahr. Insbesondere der Lagebericht mit einem Ausblick auf die erwartete Entwicklung des Strommarktes bietet (potentiellen) Investoren eine gute Basis für die Entscheidungsfindung unter Beurteilung des Marktes. Darüber hinaus enthält der Bericht umfassende Informationen über die Leistungskapazitäten des Unternehmens und die qualitativen Ziele der EWS.

Der zweite Schwerpunkt liegt auf der Dokumentation der Tätigkeiten und Projekte rund um die Themen Energiewende und nachhaltige Energieerzeugung. In diesem Zusammenhang wird auch über erzielte Auszeichnungen informiert.

Der Fokus der Berichte liegt aufgrund seiner Finanzlastigkeit auf den Kapitalgebern, wobei mit den veröffentlichten Informationen alle identifizierten Berichtsadressaten angesprochen werden. Wegen der fehlenden Wirkungsmessung und der nicht vorhandenen Darstellung der Wirkungslogik, können nicht alle Hauptanliegen als erfüllt betrachtet werden.

Oikocredit

Bestandteile		Umfang (Seitenanzahl)	Anteil
Anzahl Berichte	3	40 + 16 + 88 = 144	100%
Wirkungsmessung	Ja, teilweise	4	3%
Leistungsmessung	Ja	1,5	1%
Risikobericht	Ja	2,5	2%
Dokumentation	Ja	32	22%
Planung/Vision/Ziele	Ja, rudimentär	1	1%
Jahresabschluss	Ja	76	53%
Finanzübersicht/Kennzahlen	Ja	Jahresabschluss	
Wesentliche Berichtsfunktionen			
Entscheidungsunterstützung	Ja		
Legitimation	Ja		
Reputation	Ja		
Vertragsgestaltung	Ja		
Anspruchsbemessung	Ja		
Rechenschaft	Ja		
Berichtsadressaten		Hauptanliegen erfüllt	
Kapitalgeber	Ja	3	
Kunden/Begünstigte	Nein		
Politische Entscheidungsträger	Ja	3	
Nachahmer	Ja	3	
Öffentlichkeit	Ja	3	

0 = Gar nicht, 1 = Rudimentär, 2 = Teilweise, 3 = Überwiegend, 4 = Vollständig

OC veröffentlicht neben einem Wirkungsbericht einen separaten Jahresbericht und für eine vollständige Darstellung der finanziellen Situation einen Abschluss in englischer Sprache (Annual Report). Der Vollständigkeit halber wurden alle drei Berichte untersucht, wobei die Informationen des Jahresberichts grundsätzlich im umfangreicheren Annual Report enthalten sind.

Der Wirkungsbericht umfasst 16 Seiten und zeigt neben allgemeinen und finanziellen Indikatoren (z.B. Anzahl Länder und Partner, Volumen der Projektfinanzierungen, Struktur des Portfolios, zertifizierte Partner, CO2-Ausstoß der eigenen Geschäftsstellen etc.) auch soziale Leistungsindikatoren wie z.B. die Anzahl der erreichten Personen in der Zielgruppe und erreichte Endkunden. Des Weiteren veröffentlicht OC seine ESG-Portfolio-Werte und deren Entwicklung in den vergangenen Jahren. In einem separaten Bericht werden die Systematik und die Kriterien der ESG-Scorecard offengelegt. Die eigentliche Wirkungslogik oder Wirkungskette werden hingegen nicht dargelegt. Auch wird nicht der Versuch unternommen, die Wirkung z.B. mithilfe des SROI monetär zu bewerten.

Die Berichte zum Jahresabschluss vermitteln ein umfassendes Bild über die finanzielle Situation des Unternehmens. Es werden zahlreiche Kennzahlen im Mehrjahresvergleich gezeigt (z.B. Mitglieder, Investoren, Mitarbeiter, Partner, ausgegebene Darlehen, Ausgaben, Erträge). Des Weiteren werden die Aktivitäten, Förderprojekte, Investitionen und Portfolios vorgestellt. Darüber hinaus enthält der Jahresabschluss die üblichen Bestandteile (Bilanz, GuV, Kapitalflussrechnung, Anhang inkl. Risikobericht, Prüfungsvermerk). Der Bericht weist außerdem ein grobes Ziel für das folgende Berichtsjahr unter Verweis auf eine Mehrjahresstrategie aus.

Mit Ausnahme der Begünstigten werden alle als relevant erachteten Interessengruppen angesprochen. Die Geldgeber und Investoren werden bei dieser Einschätzung als Kapitalgeber und nicht als Kunden verstanden. Alle Interessen werden – mit Ausnahme der Wirkungsmessung und einer umfassenden Unternehmensplanung – abgedeckt. Die Anliegen können als überwiegend erfüllt betrachtet werden.

Viva con Agua

Bestandteile		Umfang (Seitenanzahl)	Anteil
Anzahl Berichte	1	36	100%
Wirkungsmessung	Nein		
Leistungsmessung	Ja, aber keine Gesamtübersicht	6,5	18%
Risikobericht	Nein		
Dokumentation	Ja	21	58%
Planung/Vision/Ziele	Nein, nur die Mission		
Jahresabschluss	Nein		
Finanzübersicht/Kennzahlen	Ja	4,5	13%

Wesentliche Berichtsfunktionen	
Entscheidungsunterstützung	Nein
Legitimation	Ja
Reputation	Ja
Vertragsgestaltung	Nein
Anspruchsbemessung	Nein
Rechenschaft	Ja

Berichtsadressaten		Hauptanliegen erfüllt
Kapitalgeber	Nein, nur Spender	
Kunden/Begünstigte	Ja	2
Politische Entscheidungsträger	Ja	2
Nachahmer	Nein	
Öffentlichkeit	Ja	2

0 = Gar nicht, 1 = Rudimentär, 2 = Teilweise, 3 = Überwiegend, 4 = Vollständig

VCA veröffentlicht einen Jahresbericht, in dem das Unternehmen und seine Projekte sowie Spendenaktionen vorgestellt werden. Der Fokus liegt auf der Dokumentation der Tätigkeiten. Hierfür werden vor allem Fotos und Bilder eingesetzt sowie vereinzelt Erfolgskennzahlen (z.B. Anzahl unterstützter Menschen und Menschen mit neuem Zugang zu sauberem Trinkwasser, Anzahl gebauter Brunnen und Sanitäreinrichtungen, weitergeleitete Spendensumme, erreichte Personen zum Thema Wasser, Anzahl der Spendenläufe etc.). Des Weiteren werden die Mission erläutert und einzelne unterstützte Projekte vorgestellt.

Der Finanzteil befasst sich mit der Mittelherkunft und -verwendung sowie dem Jahresergebnis. Ein systematischer Vorjahresvergleich existiert nicht. Im Vordergrund steht die Rechenschaftsfunktion.

Der Bericht beinhaltet weder einen umfassenden Jahresabschluss noch eine Wirkungsmessung oder eine systematische Erfolgsmessung im Jahresvergleich. Ein Ausblick oder eine Unternehmensplanung werden nicht veröffentlicht.

Die Berichtsadressaten scheinen neben der Öffentlichkeit die Kunden und im Allgemeinen politische Entscheidungsträger zu sein sowie Spender. An Investoren oder Philanthropen wendet sich der Bericht nicht. Der Bericht erfüllt infolgedessen vor allem die Funktionen der Rechenschaft, Legitimation und Reputation. Die Hauptanliegen werden aufgrund der fehlenden Berichtsbestandteile (d.h. Wirkungsmessung, Planung, Jahresabschluss, Risikobericht) lediglich teilweise erfüllt.

wellcome

Bestandteile		Umfang (Seitenanzahl)	Anteil
Anzahl Berichte	2	24 + 36 = 60	100%
Wirkungsmessung	Ja, nur pro Bereich	5	8%
Leistungsmessung	Ja, nur pro Bereich	5	8%
Risikobericht	Ja	1	2%
Dokumentation	Ja	16	27%
Planung/Vision/Ziele	Ja, Mission und grober Ausblick	Dokumentation	
Jahresabschluss	Ja	21	35%
Finanzübersicht/Kennzahlen	Ja	3	5%

Wesentliche Berichtsfunktionen	
Entscheidungsunterstützung	Ja
Legitimation	Ja
Reputation	Ja
Vertragsgestaltung	Nein
Anspruchsbemessung	Nein
Rechenschaft	Ja

Berichtsadressaten		Hauptanliegen erfüllt
Kapitalgeber	Ja	3
Kunden/Begünstigte	Ja	4
Politische Entscheidungsträger	Ja	4
Nachahmer	Ja	3
Öffentlichkeit	Ja	3

0 = Gar nicht, 1 = Rudimentär, 2 = Teilweise, 3 = Überwiegend, 4 = Vollständig

W veröffentlicht auf der unternehmenseigenen Webseite zwei Berichte. Es wird ein Prüfungsbericht inkl. Bilanz, GuV, Anhang und Prüfungsvermerk veröffentlicht. Eine konsolidierte GuV, welche eine Bewertung des Unternehmens als Ganzes ermöglichen würde, wird nicht gezeigt.

Der zweite Bericht nennt sich Jahres- und Wirkungsbericht und ist an den SRS angelehnt. Es werden die einzelnen Bereiche und deren Wirkungslogik sowie die Maßnahmen zur Skalierung vorgestellt. Es werden Indikatoren für die eingesetzten Ressourcen (z.B. Aufwand für Sachmittel und Mitarbeiter, zeitlicher Aufwand), die Leistungen (z.B. Anzahl der Veröffentlichungen und Newsletter-Abonnenten) und deren Reichweite sowie Wirkungen (z.B. vertretene (Bundes-)Länder, Bestandsdauer der Teams, Anzahl Geldpaten, Teams und betreuter Familien sowie Anzahl der Beratungsgespräche und in den Familien betreuter Stunden) offengelegt. Dies erfolgt zudem teilweise im Mehrjahresvergleich. Darüber hinaus wird ein Ausblick über die zukünftigen Ziele gegeben.

Des Weiteren wird die Organisation mit ihren handelnden Personen und dem Organisationsprofil vorgestellt. Der Finanzteil umfasst eine grobe Darstellung der einzelnen Bereiche inkl. Mehrjahresvergleich, jedoch keine übergreifende Sicht über die gesamte Organisation. Des Weiteren fehlen eine finanzielle Unternehmensplanung und Angaben zu konkreten, messbaren finanziellen Zielen.

W verweist außerdem auf die Unterzeichnung des Regelwerks der Initiative Transparente Zivilgesellschaft.

Die Berichte können von allen Anspruchsgruppen verwendet werden. Aufgrund der fehlenden Gesamtübersicht über Leistungen, Wirkungen und finanzielle Ergebnisse erscheint der Bericht jedoch ungeeignet für die Vertragsgestaltung oder Anspruchsbemessung potentieller Investoren. Für die Entscheidungsunterstützung ist der Bericht bedingt geeignet. Für Kunden/Begünstigte sowie politische Entscheidungsträger erscheinen die Informationen jedoch ausreichend bzw. die Hauptanliegen können als erfüllt betrachtet werden, wenngleich in allen Bereich Verbesserungspotential erkennbar ist.